lonely planet

HONG KONG

EN QUELQUES JOURS

Piera Chen, Emily Matchar

Dans ce guide

L'essentiel

Pour aller droit au but et découvrir la ville en un clin d'œil.

Agenda
Fêtes et événements, mois par mois

Les quartiers
Se repérer

Explorer Hong Kong

Sites et adresses quartier par quartier.

Les incontournables
Pour tirer le meilleur parti de votre visite

100% hongkongais
Vivre comme un habitant

Hong Kong selon ses envies

Les meilleures choses à voir, à faire, à tester...

Les plus belles balades
Découvrir la ville à pied

Envie de...
Le meilleur de Hong Kong

Carnet pratique

Trucs et astuces pour réussir votre séjour.

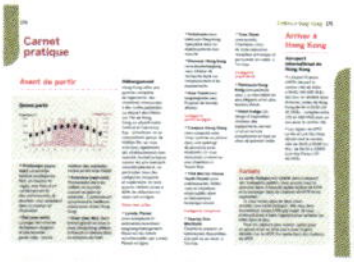

Hébergement
Une sélection d'hôtels

Transports et infos pratiques

Notre sélection de lieux et d'adresses

- **Voir**
- **Se restaurer**
- **Prendre un verre**
- **Sortir**
- **Shopping**

Légende des symboles

- Numéro de téléphone
- Horaires d'ouverture
- Parking
- Non-fumeurs
- Accès Internet
- Wi-Fi
- Végétarien
- Familles bienvenues
- Animaux acceptés
- Bus
- Bateau
- Métro
- Tramway
- Train

Retrouvez facilement chaque adresse sur le plan détachable

Hong Kong En quelques jours

Les guides *En quelques jours* édités par Lonely Planet sont conçus pour vous amener au cœur d'une ville.

Vous y trouverez tous les sites à ne pas manquer, ainsi que des conseils pour profiter de chacune de vos visites. Nos auteurs expérimentés ont déniché les meilleures adresses dans chaque ville : restaurants, boutiques, bars et clubs... Et pour aller plus loin, découvrez les endroits les plus insolites et authentiques dans les pages "100% hongkongais.

Ce guide contient également tous les conseils pratiques pour éviter les casse-tête : itinéraires pour visites courtes, moyens de transport, etc.

Grâce à toutes ces infos, soyez sûr de passer un séjour mémorable.

Notre engagement

Les auteurs Lonely Planet visitent en personne, pour chaque édition, les lieux dont ils s'appliquent à faire un compte-rendu précis. Ils ne bénéficient en aucun cas de rétribution ou de réduction de prix en échange de leurs commentaires.

L'essentiel 7

Explorer Hong Kong 21

Vaut le détour :

Hong Kong selon ses envies 143

Les plus belles balades

Envie de...

Carnet Pratique 173

L'essentiel

Bienvenue à Hong Kong

Hong Kong séduit et déconcerte, tel le scénario de ses célèbres films de gangsters. Derrière la façade futuriste de la ville se cachent des temples enfumés, des plages battues par les vagues et de vastes parcs naturels peuplés d'animaux. Si l'ordre et la loi y règnent, Hong Kong n'en est pas moins une destination électrisante, offrant en outre un formidable système de transports et les meilleurs *dim sum* du monde.

Centre de Hong Kong au coucher du soleil
COLOURSINMYLIFE/SHUTTERSTOCK ©

Hong Kong
Les incontournables

Le Star Ferry (p. 24)

Avec sa vue sur les eaux miroitantes du Victoria Harbour et sur la spectaculaire ligne d'horizon de la ville, la traversée de 10 minutes sur le légendaire Star Ferry (2,50 HK$) est sans doute l'une des croisières les moins chères du monde.

DANIEL FUNG/SHUTTERSTOCK ©

Tsim Sha Tsui East Promenade (p. 96)

Cette promenade caressée par les vagues offre une perspective unique sur ce que Hong Kong a de plus symbolique : les gratte-ciel scintillants entre les collines émeraude et les eaux bleu saphir du port sillonné de bateaux.

Le Victoria Peak (p. 42)

Plus ancien trajet à sensations de Hong Kong, le Peak Tram grimpe quasi à la verticale pour rejoindre le sommet du pic Victoria et la Peak Tower, d'où l'on embrasse du regard la ville et le port.

La tour HSBC (p. 26)

Conçue par l'architecte Norman Foster, cet impressionnant chef-d'œuvre moderne de verre et d'acier abrite le siège de la banque HSBC. C'est l'un des édifices les plus emblématiques de Hong Kong.

PETE SEAWARD/LONELY PLANET ©

Le temple de Man Mo (p. 28)

Ce temple taoïste chargé d'histoire se caractérise par ses serpentins d'encens brûlant au plafond, tels des champignons plantés à l'envers dans un étrange jardin.

KEONGDAGREAT/GETTY IMAGES ©

Les ruines de l'Igreja de São Paulo (p. 130)

Caractéristique de Macao, cette belle façade ornée de statues et de bas-reliefs appartenait à une église jésuite du XVIIe siècle.

Hong Kong Park (p. 64)

Ses créations telles que sa fontaine principale, sa serre, ses bassins et cascades artificiels, son aire de jeux pour enfants et son jardin de tai-chi font de ce parc l'un des plus originaux au monde.

Temple Street Night Market (p. 114)

Ce marché rassemble une myriade d'articles, du réveille-matin au poignard népalais. Les diseurs de bonne aventure officient non loin.

L'hippodrome de Happy Valley (p. 62)

Nul besoin d'être parieur pour apprécier les courses qui ont lieu le mercredi soir dans cet hippodrome installé au milieu des gratte-ciel.

TUNGCHEUNG/SHUTTERSTOCK ©

TIM MARTIN/GETTY IMAGES ©

LONELY PLANET/GETTY IMAGES ©

EVGENIA BOLYUKH/SHUTTERSTOCK ©

Le temple de Sik Sik Yuen Wong Tai Sin (p. 124)

Venez assister à des cérémonies taoïstes ou rencontrer un diseur de bonne aventure dans ce temple animé, dédié à un guérisseur qui transformait les moutons en pierres.

Le bouddha de Tian Tan (p. 126)

Le plus grand bouddha assis en bronze du monde se tient sur une colline de l'île de Lantau. Il est visible depuis l'avion en arrivant à Hong Kong par temps dégagé.

100% hongkongais
Vivre comme un habitant

Conseils d'initiés pour découvrir le vrai Hong Kong

Entre deux visites de sites touristiques, découvrez Hong Kong tel que le vivent ses habitants : leurs plages préférées, les bars tendance, les meilleurs sentiers de randonnée et toutes ces merveilles insoupçonnées qui font l'âme de la ville.

Tournée des bars à LKF et Soho (p. 49)

- Ambiance sixties
- À la rencontre des activistes locaux

Des bars très prisés des fêtards branchés de Hong Kong, certains en raison de la foule qu'ils attirent, d'autres pour la fresque d'un artiste local, et d'autres encore parce qu'ils n'auraient pu voir le jour ailleurs qu'à Hong Kong.

Détente à Wan Chai (p. 66)

- Gadgets à gogo
- Diseurs de bonne aventure

La partie ancienne de Wan Chai offre une multitude d'occasions aux travailleurs acharnés de Hong Kong d'échapper au stress de la vie urbaine, des magasins de gadgets aux excellents restaurants, en passant par les diseurs de bonne aventure.

Les plages de la côte sud (p. 84)

- Stanley Market
- Middle et South Bay

Avec ses plages s'étirant d'ouest en est, la côte sud de l'île ne manque pas de séduire. Au programme : promenade le long des flots, kayak, planche à voile et, bien sûr, sable fin et eaux cristallines.

Les îles de Taipa et Coloane (p. 132)

- Village de Taipa
- Maisons sur pilotis de Coloane

Des maisons sur pilotis, des temples en bord de route, des chapelles nichées dans des ruelles et des musées sur le front de mer – le tout toujours à proximité d'une cuisine locale alléchante – parsèment le paysage des îles macanéennes de Taipa et Coloane.

Stanley Market (p. 85).

Chapelle Saint-François-Xavier, Coloane Village (p. 133)

Autres lieux pour vivre le Hong Kong des Hongkongais :

Hong Kong LGBT (p. 56)

Les marchés de Wan Chai (p. 83)

Street Music Concert Series (p. 77)

Circuits en sampan (p. 88)

Visite de la ferme laitière (p. 90)

Le Kowloon multiculturel (p. 105)

Le Peninsula du pauvre (p. 110)

Se faire tatouer à Hong Kong (p. 118)

Hong Kong
En 4 jours

1er jour

Prenez le légendaire Peak Tram pour monter au **Victoria Peak** (p. 42) et admirer la vue sur la ville. Puis redescendez et marchez jusqu'à Sheung Wan, en visitant les échoppes de fruits de mer séchés, les boutiques d'antiquités et les cafés branchés en chemin. Arrêtez-vous au **temple de Man Mo** (p. 28), l'un des plus importants lieux de culte de Hong Kong, pour découvrir l'héritage chinois et colonial unique de la ville. Puis explorez l'ancien commerce de cercueils et les boutiques hipster de la jeune communauté de **Tai Ping Shan Street** (p. 144).

Prenez ensuite le **Star Ferry** (p. 177) jusqu'à Kowloon et profitez de la vue sur le port le long de la **Tsim Sha Tsui East Promenade** (p. 96) tout en flânant vers le **Hong Kong Museum of History** (p. 99) pour remettre dans leur contexte historique les lieux visités.

Prenez le tram jusqu'à **Soho** pour prendre un verre, aller danser ou écouter de la musique live. Faites un saut au **Senses 99** (p. 56) pour assister à un concert, ou pour montrer vos talents de musicien s'il n'y a rien au programme.

2e jour

Visitez l'agéable **Hong Kong Park** (p. 64) sans oublier de vous arrêter au **Museum of Tea Ware** (p. 65). Dirigez-vous ensuite vers **Wan Chai** (p. 146) et explorez les temples, les vieilles rues et les sites historiques de Queen's Rd East et de ses environs. Prenez ensuite le tram jusqu'à **Causeway Bay** pour un peu de shopping. Ne manquez pas les boutiques spécialisées de **Caroline Haven** (p. 73).

Jetez un œil aux **Chungking Mansions** (p. 110). Puis détendez-vous et regardez les passants sur la **Tsim Sha Tsui East Promenade** (p. 96) si les travaux de construction sont terminés, ou au **Middle Road Children's Playground** (p. 102) si vous voyagez avec des enfants, avant de prendre le thé au **Peninsula** (p. 100). Si l'attente est trop longue, l'**InterContinental Lobby Lounge** (p. 109) sert également le thé, avec une très belle vue sur le port. Prenez ensuite le bus vers le nord jusqu'à **Yau Ma Tei**, où vous pouvez visiter le **temple de Tin Hau** (p. 118), le **Jade Market** (p. 122) et les boutiques traditionnelles de **Shanghai Street**.

Faites-vous prédire votre avenir et assistez à un opéra cantonais au **Temple Street Night Market** (p. 114). Puis regagnez le **Butler** (p. 108) pour siroter un cocktail japonais ou deux.

Votre temps vous est compté ?
Nous avons concocté pour vous des itinéraires détaillés qui vous permettront d'optimiser le peu de temps dont vous disposez.

3e jour

Prenez le bus jusqu'à **Aberdeen** pour une croisière dans son agréable port. Continuez avec un peu de shopping (pour faire des affaires sur des meubles et des vêtements de marque) à **Horizon Plaza** (p. 93) sur l'île d'Ap Lei Chau. Plusieurs boutiques de mobilier servent aussi du café et des gâteaux. Si vous venez un samedi, inscrivez-vous pour une visite de la brasserie de Hong Kong, **Young Master Ales** (p. 88).

Après le déjeuner, prenez le MTR jusqu'à Wong Tai Sin pour visiter le **temple de Sik Sik Yuen Wong Tai Sin** (p. 124). Admirez les toits et les piliers ouvragés, le pont en zigzag, et profitez de l'atmosphère baignée d'encens de ce temple taoïste. Puis faites-vous prédire l'avenir en agitant une boîte (jusqu'à ce qu'un bâtonnet porte-bonheur en tombe). Des médiums pourront l'interpréter pour vous.

Rendez-vous à **Aqua** (p. 108) à Tsim Sha Tsui pour une soirée glamour avec vue. Ou allez voir ce que font les jeunes à **Amuse** (p. 108). Après quelques verres, laissez-vous tenter par le poulet frit à la coréenne de **Chicken HOF & Soju Korean** (p. 105) ouvert jusque tard.

4e jour

Embarquez de bonne heure à bord d'un bateau pour Macao. À votre arrivée, prenez un bus ou un taxi jusqu'à la légendaire **Lung Wah Teahouse** (p. 140). Prenez un petit-déjeuner de *dim sum*. Achetez du thé en vrac avant de partir explorer le très animé **Mercado Almirante Lacerda** (p. 139). Promenez-vous jusqu'aux parties culturelles du **nord de la péninsule de Macao** (p. 136) pour dépenser votre petit-déjeuner. Faites un tour dans les boutiques de marque et les rues pavées du pittoresque **quartier de l'Igreja de São Lázaro** (p. 137), et achetez quelques souvenirs.

Dirigez-vous vers le bâtiment historique de **Leal Senado** (p. 136), en face de Largo do Senado. Marchez le long de Rua Central à travers une grande partie du **centre historique de Macao** inscrit au patrimoine mondial de l'Unesco, dont les **ruines de l'Igreja de São Paulo** (p. 130). Profitez-en pour goûter les tartes aux œufs portugaises et les biscuits aux amandes. Puis rendez-vous au **village de Taipa** (p. 132) pour un coup d'œil.

Découvrez le tout nouvel ensemble de casino **Studio City** (p. 141). Tentez votre chance aux tables ou prenez simplement un verre au bar, avant de regagner Hong-Kong.

Les basiques

Monnaie
Dollar de Hong Kong (HK$) à Hong Kong, pataca (MOP) à Macao.

Langues
Cantonais, anglais et mandarin ; portugais à Macao.

Visas
Les ressortissants de l'UE, du Canada et de la Suisse n'ont pas besoin de visa pour un séjour de moins de 90 jours.

Argent
Les DAB sont très répandus. La plupart des hôtels et restaurants acceptent les cartes bancaires ; certains établissements bon marché n'acceptent que les espèces.

Téléphones portables
Tout téléphone GSM peut être utilisé à Hong Kong. Pour appeler beaucoup, mieux vaut acheter une carte SIM locale. Pour passer des appels internationaux directs, achetez une carte de téléphone dans les boutiques PCCW ou les supérettes.

Heure locale
Hong Kong est à l'heure GMT/UTC+8 (quand il est 12h à Paris, il est 19h à Hong Kong en hiver, et 18h en été). Il n'y a pas d'heure d'été.

Prises et adaptateurs
Les prises sont de type anglais, avec trois fiches carrées. Un adaptateur est nécessaire.

Pourboire
Le prix de la course de taxi est généralement arrondi au dollar supérieur. Nombre de restaurants ajoutent 10% de service à l'addition.

1 Avant de partir

Budget quotidien

Moins de 800 HK$

- Chambre en pension 180-450 HK$
- Repas dans un *cha chaan tang* (maison de thé) 60-150 HK$
- Trajet en bus, tram, ferry 2,5-15 HK$

De 800 à 1 800 HK$

- Chambre double dans un hôtel petit budget 550-1 100 HK$
- Repas chinois de trois plats 350 HK$
- Verre et musique live 300 HK$

Plus de 1 800 HK$

- Chambre double en hôtel de charme ou en 4-étoiles 2 000 HK$
- Restaurant chinois haut de gamme 800 HK$

Sites web

Lonely Planet (www.lonelyplanet.fr)

Discover Hong Kong (www.discoverhongkong.com, en français). Site de l'office du tourisme hongkongais.

Hong Kong Observatory (www.hko.gov.hk). Prévisions météorologiques.

À prévoir

Deux mois avant Vérifiez les dates des fêtes ; réservez pour les hébergements, les concerts et les restaurants les plus prisés.

Un mois avant Voyez les événements à venir ; réservez pour les petits festivals et les restaurants populaires.

Deux semaines avant Réservez une croisière sur le port ; abonnez-vous aux alertes mail des organisateurs d'événements.

Une semaine avant Vérifiez la météo.

2 Arriver à Hong Kong

En avion, on atterrit à l'aéroport international de Hong Kong (HKIA ; www.hongkongairport.com) ; en bus ou en train (www.mtr.com.hk), on arrive à Lo Wu ou Lok Ma Chau depuis Shenzhen, en Chine.

Des **centres de services** (Customer Service Centre ; hall des arrivées 7h-23h, hall des départs 5h-1h) proposent cartes de la ville, guichets de change et de banque, DAB et téléphones. Dans le hall des arrivées, plusieurs guichets permettent de louer un hébergement ou une voiture. Une **consigne à bagages** (5h30-1h30) est située au niveau 3 du Terminal 2.

Depuis l'aéroport international de Hong Kong

Destination	Transport conseillé
Central	Airport Express ; Air Bus A11
Sheung Wan, Wan Chai, Causeway Bay	Airport Express puis taxi ; Air Bus A11
Aberdeen et le Sud	Air Bus A10
Tsim Sha Tsui, Yau Ma Tei, Mong Kok	Airport Express puis taxi ; Air Bus A21

Depuis les postes-frontières de Lo Wu et Lok Ma Chau

Destination	Transport conseillé
Admiralty, Central, Tsim Sha Tsui	MTR : ligne East Rail puis lignes Kwun Tong et Tsuen Wan
Wan Chai, Causeway Bay	MTR jusqu'à Admiralty puis ligne Island
Yau Ma Tei, Mong Kok	MTR : ligne East Rail puis ligne Kwun Tong
Sheung Wan et Sai Ying Pun	MTR jusqu'à Sheung Wan puis ligne West Island

3 Comment circuler

Associé aux vastes réseaux de bus, le très efficace réseau ferré Mass Transit Railway (MTR) vous permettra de vous rendre partout où vous le souhaitez. La carte prépayée Octopus peut être utilisée dans la plupart des transports publics. On peut aussi acheter des pass illimités pour une journée (adulte/enfant 65/45 HK$) dans toutes les stations de MTR.

Taxi

Les taxis sont bien moins chers qu'en Europe ou en Amérique du Nord. La plupart sont rouges ; les taxis verts circulent dans certains quartiers des Nouveaux Territoires, les bleus sur l'île de Lantau. Tous sont équipés d'un taximètre.

MTR

Couvrant la majeure partie de la ville, le réseau ferré de Hong Kong constitue la manière la plus simple de se déplacer ; la plupart des lignes fonctionnent de 6h à minuit.

Bus

Assez rapides, les bus sont indispensables pour se rendre aux endroits non desservis par le MTR ou pour se déplacer après minuit.

Tramway

La lenteur est de mise, mais la vue sur la partie nord de l'île de Hong Kong est superbe. Circule de 6h à minuit.

Ferry

Le Star Ferry relie l'île de Hong Kong et la péninsule de Kowloon via le port de Victoria (Victoria Harbour). Des ferries relient aussi Central aux îles environnantes (Outlying Islands).

Hong Kong
Les quartiers

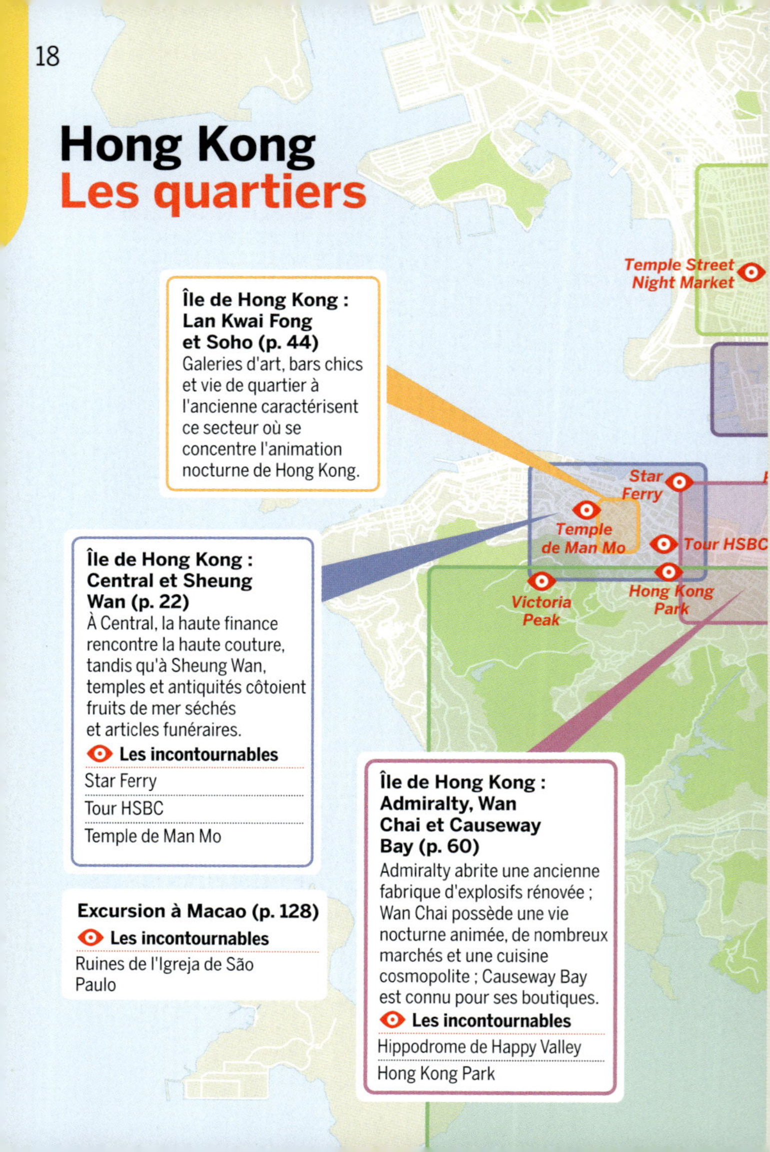

Île de Hong Kong : Lan Kwai Fong et Soho (p. 44)

Galeries d'art, bars chics et vie de quartier à l'ancienne caractérisent ce secteur où se concentre l'animation nocturne de Hong Kong.

Île de Hong Kong : Central et Sheung Wan (p. 22)

À Central, la haute finance rencontre la haute couture, tandis qu'à Sheung Wan, temples et antiquités côtoient fruits de mer séchés et articles funéraires.

Les incontournables

- Star Ferry
- Tour HSBC
- Temple de Man Mo

Excursion à Macao (p. 128)

Les incontournables

- Ruines de l'Igreja de São Paulo

Île de Hong Kong : Admiralty, Wan Chai et Causeway Bay (p. 60)

Admiralty abrite une ancienne fabrique d'explosifs rénovée ; Wan Chai possède une vie nocturne animée, de nombreux marchés et une cuisine cosmopolite ; Causeway Bay est connu pour ses boutiques.

Les incontournables

- Hippodrome de Happy Valley
- Hong Kong Park

Kowloon :
Yau Ma Tei et Mong Kok (p. 112)

Yau Ma Tei abrite un célèbre marché nocturne et un temple arboré ; Mong Kok concentre une myriade de commerces.

Les incontournables

Temple Street Night Market

Vaut le détour

Les incontournables

Victoria Peak (p. 42)

Temple de Sik Sik Yuen Wong Tai Sin (p. 124)

Bouddha de Tian Tan (p. 126)

Kowloon :
Tsim Sha Tsui (p. 94)

Quartier sophistiqué pourvu d'excellents musées, de panoramas emblématiques, d'une magnifique architecture coloniale et de tous les attraits de Central à une échelle plus humaine.

Les incontournables

Tsim Sha Tsui East Promenade

Île de Hong Kong :
Aberdeen et le Sud (p. 82)

Plages, bazar en bord de mer, balades en sampan, abri antityphon, délicieux fruits de mer et l'un des meilleurs parcs d'attractions d'Asie.

168號1樓
GALA PLACE
A mark of true design
MIDO
Mr.Mr.
LONGINES
All from Fabrics
All for Your Needs
NaRaYa
大家樂
BUS
STOP
巴士
站

Explorer Hong Kong

Vaut le détour

Mong Kok (p. 112)
LITTLEWORMY/SHUTTERSTOCK ©

Explorer

Île de Hong Kong : Central et Sheung Wan

Foyer économique de Hong Kong, Central est composé de boutiques chics, de bons restaurants, d'immeubles d'affaires et de quelques bâtiments historiques (dont une cathédrale). Ne manquez pas le quartier de Sheung Wan, qui rappelle le Hong Kong d'antan avec ses échoppes traditionnelles, ses temples taoïstes et ses *ladder streets*, des rues très raides faites intégralement d'escaliers.

L'essentiel en un jour

S'il s'agit d'un jour en semaine, évitez de prendre le MTR le matin aux heures de pointe (7h30-9h). Visitez le **temple de Man Mo** (p. 28) et les temples de Tai Ping Shan St au moment où les personnes âgées viennent allumer leur encens du matin. Explorez le quartier, puis arrivez un peu avant le rush de midi (12h-14h) au City Hall Maxim's Palace (p. 35). Ensuite, visitez l'excellent **Hong Kong Maritime Museum** (p. 32).

Si vous avez réservé une visite, admirez les meubles chinois classiques du **Liangyi Museum** (p. 33). Allez ensuite dénicher des bibelots à **Cat Street** (p. 34). Durant les heures qui suivent, contemplez l'architecture du quartier, à la fois moderne et coloniale, sous la lumière de l'après-midi, avant de vous lancer dans une séance de shopping dans un centre commercial.

Dînez au **Boss** (p. 36), puis allez siroter un cocktail au **Quinary** (p. 55).

Les incontournables

Le Star Ferry (p. 24)

La tour HSBC (p. 26)

Le temple de Man Mo (p. 28)

Le meilleur du quartier

Se restaurer

City Hall Maxim's Palace (p. 35)

Lung King Heen (p. 37)

The Boss (p. 36)

Voir

Tour de la Bank of China (p. 32)

Two IFC (p. 35)

Comment y aller

Métro Arrêt Central (lignes Island et Tsuen Wan) ; arrêt Hong Kong (Airport Express) ; arrêt Sheung Wan (ligne Island).

Bus Les bus Island s'arrêtent au **terminus de Central** (Exchange Sq) ; la ligne n°26 relie Central à Sheung Wan.

Tram Circule le long de Des Voeux Rd Central et Des Voeux Rd West.

Star Ferry De Tsim Sha Tsui au Central Pier 7.

Les incontournables
Le Star Ferry

Aucun séjour à Hong Kong ne serait complet sans une promenade en Star Ferry, dont la flotte légendaire se décline sous des noms tels que *Morning Star* ou *Twinkling Star*. Quelle que soit l'heure, avec ses vues saisissantes sur les gratte-ciel et les montagnes, cette croisière offre sans conteste l'un des meilleurs rapports qualité/prix au monde. À la fin des 10 minutes, la corde est jetée et attrapée avec une serpette, comme en 1888, année de l'inauguration de la ligne.

Plan p. 30, G1

天星小輪

852 2367 7065

www.starferry.com.hk

adulte 2,50-3,40 HK$, enfant 1,50-2,10 HK$

toutes les 6 à 12 min, 6h30-23h30

M Hong Kong, sortie A2

Les étoiles du Star Ferry

Le Star Ferry fut fondé en 1888 par Dorabjee Nowrojee, un Parsi originaire de Bombay. À l'époque, la plupart des habitants traversaient le port à bord de sampans. Nowrojee acheta, pour son usage privé, un bateau à vapeur qui devint finalement le premier Star Ferry. L'étoile à cinq branches sur le logo est un ancien symbole du zoroastrisme, la religion persane dont les Parsis sont adeptes.

La place de Kowloon

En 1910, la ligne ferroviaire Kowloon-Canton reliant Hong Kong au continent fut construite près de la place de Kowloon. Le jour de Noël 1941, le gouverneur colonial prit le ferry jusqu'à Tsim Sha Tsui, où il se rendit aux Japonais au Peninsula Hotel. La **tour-horloge** (前九廣鐵路鐘樓 ; embarcadère du Star Ferry de Tsim Sha Tsui, Tsim Sha Tsui ; Star Ferry, M East Tsim Sha Tsui, sortie J) de la gare d'origine est encore visible. En 1966, des milliers de personnes se rassemblèrent sur la jetée de Tsim Sha Tsui pour manifester contre une augmentation des prix de 5 cents. Cette manifestation conduisit aux émeutes de Nathan Rd, premières agitations d'une série de mouvements sociaux qui aboutirent à la réforme du système colonial.

Les jetées

La jetée de l'île de Hong Kong est une réplique de l'époque édouardienne, qui fut construite pour remplacer l'ancien quai d'Edinburgh Pl (dans un style moderne avec une tour-horloge), démoli malgré l'opposition véhémente des Hongkongais. Celle de Kowloon n'a jamais été modifiée.

À savoir

- En direction de Tsim Sha Tsui, choisissez un siège du côté droit du bateau pour profiter de la plus belle vue.
- Offrant un meilleur point de vue et réduisant les émanations, le pont supérieur vaut les quelques cents supplémentaires.
- Si vous prenez le ferry de Tsim Sha Tsui à Hong Kong juste après 20h, vous serez aux premières loges pour la Symphony of Lights, le spectacle son et lumière qui a lieu tous les soirs.

Une petite faim ?

- Faites le plein de *dim sum* à Tim Ho Wan (p. 38) avant, ou après, le trajet (de huit minutes).

Les incontournables
La tour HSBC

Conçu par l'architecte Norman Foster en 1985, l'incroyable siège de la banque HSBC est un chef-d'œuvre de précision et d'innovation. Lorsqu'il fut achevé, c'était le bâtiment le plus onéreux du monde (un milliard de dollars). Cette tour de 52 étages reflète bien l'envie de l'architecte, qui souhaitait créer des espaces publics et privés, et casser le moule de l'architecture bancaire traditionnelle. Des éclairages installés postérieurement permettent au bâtiment de conserver sa splendeur la nuit.

Plan p. 31, F4

滙豐銀行總行大廈

1 Queen's Rd, Central

Gratuit

escalator 9h-16h30 lun-ven, 9h-12h30 sam

M Central, sortie K

Stephen et Stitt

Les deux lions de bronze qui gardent l'entrée principale furent conçus en 1935 pour l'ancien siège de la banque. Celui qui rugit est surnommé Stephen et l'autre Stitt, du nom de deux directeurs de la banque à l'époque. Les Japonais utilisèrent les deux lions pour s'entraîner au tir durant l'occupation ; des impacts de balles sont encore visibles sur Stitt. Toucher leurs puissantes pattes porterait bonheur.

Feng shui

Le bâtiment présente de nombreux exemples de feng shui (géomancie chinoise) positif. Aucune structure ne bloque sa vue du Victoria Harbour, l'eau étant associée à la prospérité. Les escalators sont censés représenter les moustaches d'un dragon aspirant la prospérité dans son ventre. Ils forment également un angle avec l'entrée de manière à désorienter les mauvais esprits, qui ne peuvent se déplacer qu'en ligne droite.

L'éclairage

Dix-huit ans après la construction de la tour, ses 52 étages de verre et d'aluminium furent équipés de 700 lumières environ, dont des lumières fluorescentes à teinte variable. Le projet de 5,5 millions de dollars permit au bâtiment d'être aussi éblouissant de jour que de nuit.

L'atrium

Situé au 3e étage, l'atrium est inondé de lumière naturelle. Difficile de trouver cadre plus agréable pour changer de l'argent.

À savoir

- Les grues sur le toit auraient été placées ainsi pour combattre le feng shui négatif de la tour voisine de la Bank of China, en forme de couteau.
- Pour savoir si une controverse politique se prépare en ville, recherchez d'éventuels manifestants dans l'atrium public de la banque, lieu de rendez-vous de nombreuses protestations.

Une petite soif ?

- Pour une vue imprenable sur la tour HSBC, prenez un verre sur la terrasse du Sevva (p. 38), de l'autre côté de la rue.

Les incontournables
Le temple de Man Mo

Comptant parmi les plus anciens temples de Hong Kong, le temple de Man Mo est dédié aux dieux de la Littérature (“Man”) et de la Guerre (“Mo”). Bâti en 1847, sous la dynastie Qing, par de prospères marchands chinois, c’était, outre un lieu de culte, une cour d’arbitrage des conflits locaux au XIXe siècle, période à laquelle la confiance n’était pas de mise entre Chinois et colons. Les serments prêtés dans ce temple taoïste (accompagnés par la décapitation rituelle d’un coq) étaient acceptés par le gouvernement colonial.

Plan p. 30, C3

文武廟

852 2540 0350

124-126 Hollywood Rd, Sheung Wan

Gratuit

8h-18h

26

Les spirales d’encens du temple de Man Mo

Devant l'entrée principale

À cet endroit sont exposées quatre plaques dorées plantées sur des perches, utilisées autrefois lors des processions. Deux d'entre elles décrivent les dieux vénérés à l'intérieur, une autre demande le silence et le respect des lieux, et la dernière avertit les femmes qui ont leurs règles qu'elles n'ont pas le droit d'entrer dans la salle principale.

La salle principale

Les deux chaises à porteurs en plaqué or qui trônent dans la salle principale servaient autrefois à transporter les statues des divinités lors des fêtes religieuses. Comme d'étranges champignons dans un jardin renversé, des rangées de grosses spirales d'encens couleur terre sont suspendues au plafond.

Lit Shing Kung

Situé sur le côté de la salle principale, le "palais des saints" fut construit à peu près à la même époque que le temple. Il est consacré à l'adoration d'autres divinités bouddhistes et taoïstes, notamment la déesse de la Miséricorde et Tai Sui, les 60 généraux célestes, qui représentent chacun une année particulière du cycle de 60 ans.

Kung Sor

Cette salle, dont le nom signifie littéralement "lieu de réunion public", était jadis une cour de justice où se réglaient les différends internes à la société chinoise, avant l'introduction d'un système judiciaire moderne. Une petite maxime à l'entrée invite ceux qui entrent dans la salle à laisser leur égoïsme et leurs préjugés à l'extérieur.

☑ À savoir

- Des "bâtonnets de la chance" se trouvent à droite de l'autel principal – secouez doucement la boîte pour en faire sortir un, puis lisez le texte correspondant dans le livre (en anglais).
- Comme dans tous les temples chinois, il ne faut pas marcher directement sur le seuil de la porte, mais l'enjamber – il est censé éloigner les mauvais esprits.

Une petite faim ?

- Détendez-vous autour d'une tasse de thé à **Teakha** (茶家 ; ☎852 2858 9185 ; http://teakha.com ; Shop B, 18 Tai Ping Shan St, Sheung Wan ; 🕘11h-19h mar-dim ; wifi ; bus 26).

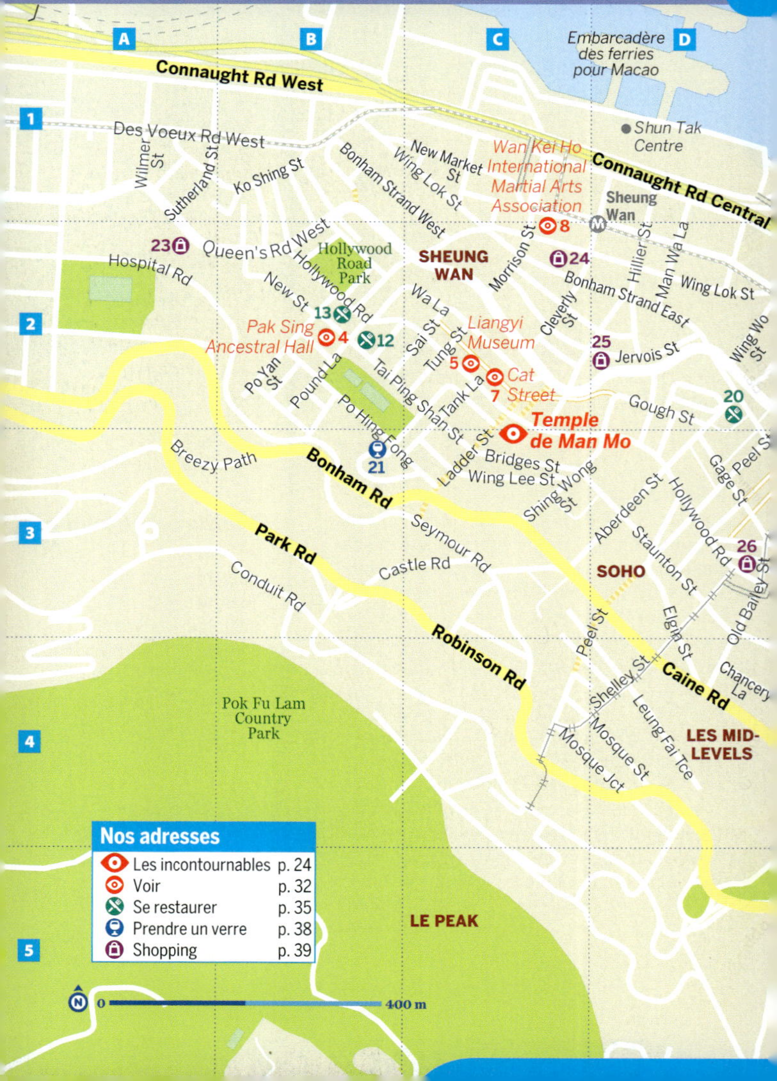

Nos adresses

Les incontournables	p. 24
Voir	p. 32
Se restaurer	p. 35
Prendre un verre	p. 38
Shopping	p. 39

E
F
G
H
1
2
3
4
5
Pier 1
Pier 2
Pier 3
Ferries pour Lamma
Pier 4
Ferries pour Cheung Chau
Pier 5
Ferries pour Lantau et Peng Chau
Pier 6
Star Ferry
Pier 7
VICTORIA HARBOUR
3 Hong Kong Maritime Museum
Pier 8
Pier 9
Government Pier
Man Chiu St
Man Po St
Man Kwong St
Pier Rd
15
17
Finance St
10 Two International Finance Centre
Gilman St
Gilman's Bazaar
Des Voeux Rd Central
Hong Kong (arrêt de l'Airport Express)
Man Cheung St
19
Harbour View St
CENTRAL
Jubilee St
Victoria St
Man Yee La
Cochrane St
Queen's Rd Central
Li Yuen St West
Li Yuen St East
Chiung Lung St
Connaught Place
Lung Wui Rd
Man Yiu St
Edinburgh Pl
Connaught Garden
Memorial Gardens
11
Wellington St
Stanley St
16
Theatre La
Central
LAN KWAI FONG
Wo On La
18
Ice House St
Connaught Rd Central
Statue Square
22
6
Chater Rd
Harcourt Rd
Former Legislative Council Building
1
Murray Rd
Lambeth St
Chater Garden
Arbuthnot Rd
Wyndham St
27
29
28
Tour HSBC
Duddell St
Queen's Rd Central
Glenealy
Albert Rd
Ice House St
Lower Albert Rd
Cheung Kong Garden
2 Tour de la Bank of China
Battery Path
9
St John's Cathedral
Queensway
Albany Rd
Upper Albert Rd
Garden Rd
Cotton Tree Dr
Peak Tram Lower Terminus
Hong Kong Park
Robinson Rd
Kennedy Rd
14

Voir

Former Legislative Council Building ÉDIFICE HISTORIQUE

1 Plan p. 30, G4

Cet édifice pourvu de colonnes et d'un dôme fut construit vers 1912, avec du granit provenant de l'île de Stonecutter. Il a accueilli le Conseil législatif de 1985 à 2012. Durant la Seconde Guerre mondiale, il fut le siège de la Gendarmerie, la version japonaise de la Gestapo, et beaucoup d'individus furent exécutés ici. Sur son fronton, une statue aux yeux bandés représente Thémis, déesse grecque du Droit et de la Justice. (前立法會大樓 ; 8 Jackson Rd, Central ; M Central, sortie G)

Tour de la Bank of China BÂTIMENT

2 Plan p. 30, G4

Conçue par I.M Pei, cette fabuleuse tour de 70 étages est un empilement de cubes de plus en plus petits ; la façade orientée sud finit par s'élever seule. Certains adeptes de la géomancie considèrent que les quatre prismes sont des symboles négatifs : ils sont à l'opposé des cercles, symboles d'argent, d'union et de perfection. (中銀大廈, BOC Tower ; 1 Garden Rd, Central ; M Central, sortie K)

Hong Kong Maritime Museum MUSÉE

3 Plan p. 30, H2

Le déménagement et l'agrandissement de ce musée en ont fait l'un des meilleurs de la ville. Dans 15 galeries bien aménagées, il présente plus de 2 000 ans d'histoire maritime chinoise, ainsi que le développement du port de Hong Kong, grâce notamment à des céramiques datant des premiers jours du commerce maritime chinois, des trésors récupérés dans des épaves et d'anciens instruments nautiques. Une peinture sur rouleau représente une scène de piraterie en Chine au début du XIXe siècle ; cette œuvre surprenante est l'un des artefacts historiques les plus importants de Hong Kong. (香港海事博物館 ; ☎852 3713 2500 ; www.hkmaritimemuseum.org ; Central Ferry Pier 8, Central ; tarif plein/ enfant 30/15 HK$; 9h30-17h30 lun-ven, 10h-19h sam-dim ; ; M Hong Kong, sortie A2)

Pak Sing Ancestral Hall TEMPLE

4 Plan p. 30, B2

Au XIXe siècle, de nombreux Chinois sont morts à l'étranger, après avoir quitté leur pays à la recherche d'un avenir meilleur. Comme le souhait des Chinois traditionnels était d'être enterrés dans leur village d'origine, ce temple fut construit en 1856 afin d'entreposer les corps en attente d'obsèques en Chine et de servir de temple des ancêtres public pour ceux qui n'avaient pas les moyens de les faire rapatrier. Les familles de ces derniers ont érigé 3 000 tablettes funéraires pour leurs ancêtres dans une salle derrière l'autel. (廣福祠 ; Kwong Fuk Ancestral Hall ; 42 Tai Ping Shan St, Sheung Wan ; 8h-18h ; 26)

DANIEL FUNG/SHUTTERSTOCK ©

Hong Kong Maritime Museum

Liangyi Museum

MUSÉE

5 Plan p. 30, C2

Sur trois étages, ce musée privé conserve deux collections sublimes : des meubles chinois remontant aux dynasties Ming et Qing (parmi les plus beaux du monde), et des coiffeuses européennes d'inspiration chinoise datant des XIXe et XXe siècles. Les 400 meubles en *huanghuali* et en *zitan* (des bois précieux) sont dévoilés lors d'expositions changeant tous les six mois. Pour admirer les collections, il faut impérativement contacter le musée au moins un jour à l'avance pour intégrer un petit groupe. (兩依博物館 ; ☎852 2806 8280 ; www.liangyimuseum.com ; 181-199 Hollywood Rd, Soho ; 200 HK$; ⏰10h-18h mar-sam ; Ⓜ Central, sortie D2)

Statue Square

PLACE

6 Plan p. 30, G4

Cette place tranquille, où trônaient jadis des effigies de la royauté britannique, ne rend plus aujourd'hui hommage qu'au fondateur de HSBC. Dans la partie nord (accessible par un passage souterrain), un **cénotaphe** (和平紀念碑 ; Chater Rd ; Ⓜ Central, sortie A) de 1923 honore les habitants de Hong Kong tués lors des deux guerres mondiales. Au sud de Chater Rd, on découvre un bel ensemble de fontaines et des endroits pour

Comprendre

Un tramway nommé “ding ding”

Surnommés “ding ding” par les habitants, les tramways circulent paresseusement entre les districts est et ouest de l'île depuis 1904. Depuis plus d'un siècle, le plus important parc de tramways à impériale au monde – et le transport public le plus écologique de Hong Kong – continue son petit bonhomme de chemin dans les artères encombrées de la ville.

Pour un prix fixe (que vous déposez dans une boîte en descendant ou débitez de votre carte Octopus), vous pouvez parcourir librement les 16 km de voies de la côte nord de l'île de Hong Kong.

Monter à bord d'un “ding ding” permet de voir le paysage de la ville se dérouler tranquillement sous ses yeux. Essayez de vous asseoir à l'étage, derrière la vitre avant, pour bénéficier de la meilleure vue. La découverte des districts de l'est de Causeway Bay, principalement résidentiels, depuis un tramway en mouvement ajoute une dimension cinématique à la simple visite à pied. En prime, vous pouvez monter et descendre quand vous le souhaitez.

Hong Kong Tramways (☎852 2548 7102 ; www.hktramways.com ; billet 2,30 HK$; 🕒6h-24h) propose également un circuit TramOramic d'une heure qui vous permet de découvrir la ville à bord d'un tramway faussement rétro à toit ouvert.

s'asseoir. (皇后像廣場 ; Edinburgh Pl, Central ; M Central, sortie K)

Cat Street — RUE

7 👁 Plan p. 30, C2

Juste au nord de sa parallèle Hollywood Rd, Upper Lascar Row, ou “Cat Street”, est une ruelle piétonnière bordée de boutiques d'antiquités, de magasins de bibelots et d'échoppes vendant des objets trouvés, des bijoux bon marché et des répliques de pièces anciennes. C'est un lieu plaisant pour flâner, mais sachez que la plupart des articles sont des faux. (摩囉街 ; Upper Lascar Row, Sheung Wan ; 🕒10h-18h ; 🚌26)

Wan Kei Ho International Martial Arts Association — ARTS MARTIAUX

8 👁 Plan p. 30, C2

Le maître anglophone Wan enseigne le kung-fu Shaolin du nord à un large éventail d'adeptes hongkongais et étrangers. Des cours ont lieu le soir du lundi au jeudi. Selon le nombre de cours que vous suivez, les frais mensuels peuvent varier de 350 à 1 600 HK$. (尹圻灝國際武術總會 ; ☎852 2544 1368, 852 9506 0075 ; www.kungfuwan.com ; 3e ét, Yue's House, 304 Des Voeux Rd Central, Sheung Wan ; 🕒10h-20h lun-ven, 9h-13h sam et dim ; M Sheung Wan, sortie A)

St John's Cathedral

ÉGLISE

9 Plan p. 30, G4

Depuis sa fondation en 1849, les messes ont toujours été assurées dans cette cathédrale anglicane, sauf en 1944 quand l'armée japonaise la transforma en club. Après la Seconde Guerre mondiale, pendant laquelle elle fut lourdement endommagée, on répara le portail avant avec du bois récupéré du navire britannique HMS *Tamar*, qui protégeait le port de Victoria. Ce site est sacré à plus d'un titre : il s'agit de la seule propriété inaliénable à Hong Kong. L'entrée se fait par Battery Path. (聖約翰座堂 ; 852 2523 4157 ; www.stjohnscathedral.org.hk ; 4-8 Garden Rd, Central ; gratuit ; 7h-18h ; 12A, 40, 40M, M Central, sortie K)

Two International Finance Centre

BÂTIMENT

10 Plan p. 30, F2

Ce colosse aux teintes nacrées dont la forme rappelle celle d'un rasoir électrique, est l'édifice le plus haut de l'île de Hong Kong. Il n'est pas possible d'accéder au sommet, mais on peut monter relativement haut en visitant le Hong Kong Monetary Authority Information Centre. Le Two IFC se dresse au-dessus de l'**IFC Mall** (852 2295 3308 ; www.ifc.com.hk ; M Hong Kong, sortie F), qui s'étend jusqu'aux niveaux inférieurs du bâtiment jumeau, le bien plus petit **One IFC** (國際金融中心 ; One IFC ; 1 Harbour View St, Central ; M Hong Kong, sortie A2 ou F). (國際金融中心 ; Two IFC ; 8 Finance St, Central ; M Hong Kong, sortie A2 ou F)

Se restaurer

City Hall Maxim's Palace

DIM SUM $

11 Plan p. 30, G3

Ce "palais" sert les plus authentiques *dim sum* de Hong Kong. La vaste salle ornée de dragons accueille des centaines d'habitués, qui créent une ambiance conviviale et bruyante. L'étourdissante sélection de *dim sum* est présentée sur des chariots, à l'ancienne. Le dimanche, petit-déjeuner à partir de 9h – mais les clients arrivent dès 8h30. (美心皇宮 ; 852 2521 1303 ; 3e ét, 1 Edinburgh Pl, Lower Block, Hong Kong City Hall, Central ; repas à partir de 150 HK$; 11h-15h lun-sam, 9h-15h dim ; ; M Central, sortie K)

Mrs Pound

ASIATIQUE $$

12 Plan p. 30, B2

De l'extérieur, Mrs Pound ressemble à une traditionnelle boutique de tampons de Sheung Wan. Mais appuyez sur le bon

Bon plan

Combien ça coûte ?

Avec 40 HK$, vous pouvez vous offrir des nouilles accompagnées de quelques légumes, ou un menu dans une chaîne de fast-food.

Pour un déjeuner assis dans un restaurant de milieu de gamme, comptez au moins 80 HK$, et 350 HK$ pour un dîner. Un dîner dans un restaurant haut de gamme coûte au moins 600 HK$.

tampon dans la vitrine (un indice : il brille) et une porte s'ouvrira pour révéler un faux bar clandestin proposant une cuisine asiatique de rue revisitée. (852 3426 3949 ; www.mrspound.com ; 6 Pound Lane, Sheung Wan ; repas 150-400 HK$; 12h-14h30 et 17h-23h ; M Sheung Wan)

Chachawan

THAÏ **$$**

13 Plan p. 30, B2

Spécialisée dans la gastronomie épicée de la région d'Isan, au nord-est de la Thaïlande, cette petite adresse branchée est toujours bondée et bruyante. Pas de curry ni de *pad thaï* au menu, mais une multitude de salades riches en couleurs, herbes et épices (nous vous recommandons la salade de papaye verte à la poitrine de porc) et de plats de poisson grillé et de viande. Le riz gluant est servi dans des paniers traditionnels. Essayez un de leurs cocktails fusion, au thé sucré ou au litchi. Sans réservation – attendez-vous à faire la queue aux heures de pointe. (852 2549 0020 ; http://chachawan.hk ; 206 Hollywood Rd, Sheung Wan ; repas 200-450 HK$; 12h-14h30 et 18h30-24h ; M Sheung Wan, sortie A2)

Pure Veggie House

VÉGÉTARIEN, CHINOIS **$$**

14 Plan p. 30, E5

Ce restaurant bouddhiste va bien au-delà de l'habituel tofu accompagné de brocoli pour servir des plats végétariens innovants et délicieux – riz sauté aux truffes et pignons de pin, rouleaux d'algues au tofu, et les meilleures spécialités sichuanaises végétariennes de la ville, préparées par le restaurant jumeau quelques étages plus haut, **San Xi Lou** (三希樓 ; 852 2838 8811 ; 7e ét, Coda Plaza, 51 Garden Rd, Mid-Levels ; repas 200-400 HK$; 11h-22h30 ; 12A depuis la station de MTR Admiralty). À midi, les excellents *dim sum* entièrement végétariens satisferont même les plus carnivores.

Le décor fait penser à une auberge rustique, avec des serveurs vêtus de tuniques tels des étudiants dans une pièce de théâtre historique. (心齋 ; 852 2525 0556 ; 3e ét, Coda Plaza, 51 Garden Rd, Mid-Levels ; repas 250-500 HK$; 10h30-22h30 ; ; 12A depuis la station de MTR Admiralty)

Caprice

FRANÇAIS MODERNE **$$$**

15 Plan p. 30, F2

Restaurant aux 2 étoiles au cadre opulent mais à la carte sans ambages. Les plats, très soignés, sont réalisés avec des produits arrivant quotidiennement de France. L'offre évolue, mais les spécialités à base de canard, de langoustine ou de poitrine de porc sont toujours exquises.
Les fromages artisanaux importés chaque semaine sont les meilleurs de Hong Kong. (852 3196 8888 ; www.fourseasons.com/hongkong ; Four Seasons Hotel, 8 Finance St, Central ; menu déj/dîner à partir de 540/1 740 HK$; 12h-14h30 et 18h-22h30 ; ; M Hong Kong, sortie E1)

The Boss

CANTONAIS **$$$**

16 Plan p. 30, E3

Ce restaurant étoilé assure un parcours sans faute : service irréprochable, décoration minimaliste et moderne et cuisine de haut vol. Les plats cantonais traditionnels sont impressionnants, en particulier la cassolette de crabe et les morceaux de poulet frits servis avec de la pâte de crevettes fermentée maison. *Dim sum* gourmets à midi. (波士廳 ; ☎852 2155 0552 ; www.theboss1.com ; sous-sol, 58-62 Queen's Rd Central, Central ; menu déj/dîner à partir de 230/680 HK$; ⏲11h30-24h lun-sam, 11h-24h dim ; 📶 ; Ⓜ Central, sortie D2)

Duddell's

CANTONAIS **$$$**

Des plats cantonais légers sont servis dans de magnifiques espaces agrémentés d'œuvres d'art (voir **29** plan p. 30, F4), une belle salle à manger à l'éclairage tamisé, un salon avec sol en marbre et déco années 1950 modernisée, et une terrasse luxuriante. On adore le brunch du samedi (680 HK$, 12h-15h30) avec champagne et *dim sum* à volonté, d'autant que les portions sont peu copieuses le reste du temps. (都爹利會館 ; ☎852 2525 9191 ; www.duddells.co ; 3e et 4e ét Shanghai Tang Mansion, 1 Duddell St, Central ; déj 500-800 HK$, dîner 800-1 600 HK$; ⏲12h-14h30 et 18h-22h30 lun-sam ; 📶; Ⓜ Central, sortie G)

Lung King Heen

CANTONAIS, DIM SUM **$$$**

17 Plan p. 30, F2

Le premier restaurant chinois du monde à avoir reçu et surtout conservé trois étoiles au guide Michelin. Outre la cuisine cantonaise, excellente et présentée avec brio, la vue sur le port et le service admirable contribueront à

PIO3/SHUTTERSTOCK ©

"Ding Ding" (p. 34)

vous faire vivre une expérience culinaire inoubliable. Allez-y en début de service pour pouvoir espérer goûter aux mets les plus prisés, dont la langouste à la vapeur et les raviolis aux saint-jacques. (龍景軒 ; ☎852 3196 8888 ; www.fourseasons.com/hongkong ; Four Seasons Hotel, 8 Finance St, Central ; menu déj 200-500 HK$, dîner 500-2000 HK$; ⏲12h-14h30 et 18h-22h30 ; 📶 ; Ⓜ Hong Kong, sortie E1)

Otto e Mezzo Bombana

ITALIEN **$$$**

18 Plan p. 30, F3

Le seul restaurant italien d'Asie avec trois étoiles Michelin est à la hauteur de sa réputation, et le chef Bombana est là, les manches retroussées, pour s'en assurer. "Huit et demi" est le spécialiste de la truffe blanche et accueille les ventes aux enchères locales de ce champignon très prisé. Réserver deux mois à l'avance. (☎852 2537 8859 ; www.ottoemezzobombana.com ; Shop 202, 18 Chater Rd, Landmark Alexandra, Central ; déj/dîner à partir de 700/1 380 HK$; ⏲12h-14h30 et 18h30-22h30 lun-sam ; Wi-Fi ; Ⓜ Central, sortie H)

Tim Ho Wan

DIM SUM $

19 Plan p. 30, F2

Créé par un ancien chef du Four Seasons, Tim Ho Wan fut le premier établissement de *dim sum* bon marché à recevoir une étoile Michelin. Malgré les déménagements et l'ouverture de succursales, ses bouchées sont toujours aussi savoureuses – le n°1 des ventes est le petit pain au porc grillé. Comptez de 15 à 40 minutes d'attente pour obtenir une table. (添好運點心專門店 ; ☎852 2332 3078 ; www.timhowan.com ; boutique 12a, Podium Level 1, Central 8 Finance St, IFC Mall, Central ; plats 50 HK$; ⏲9h-20h30 ; Ⓜ Hong Kong, sortie E1)

Lin Heung Tea House

CANTONAIS, DIM SUM $

20 Plan p. 30, D2

Le matin, cette célèbre maison de thé est bondée, comme en 1926, d'hommes âgés en train de lire le journal. Les *dim sum* (à partir de 12 HK$), servis sur des chariots, sont rapidement pris d'assaut, alors dirigez-vous vers la cuisine si vous voulez plus de choix.

Les pains farcis à la vapeur et les *siu mai* au foie sont très appréciés, davantage pour leur saveur nostalgique que pour leur goût. Mais les beignets de racine de lotus et le canard farci braisé (150 HK$, réservation obligatoire) sont dignes de leur succès. (☎852 2544 4556 ; 160-164 Wellington St, Central ; repas à partir de 100 HK$; ⏲6h-23h, *dim sum* jusqu'à 15h30 ; Ⓜ Sheung Wan, sortie E2)

Prendre un verre

Cafe Deadend

CAFÉ

21 Plan p. 30, B3

Dans "PoHo", le quartier arboré de Sheung Wan avec d'agréables boutiques et galeries, ce petit café isolé est l'un des meilleurs endroits à Hong Kong pour passer un moment paisible autour d'un bon livre et d'un café. (☎852 6716 7005 ; www.cafedeadend.com ; 72 Po Hing Fong, Sheung Wan ; repas 100-200 HK$; ⏲9h30-18h mar-dim ; 🚌23, 40)

Sevva

BAR À COCKTAILS

22 Plan p. 30, F4

Depuis le balcon de ce bar ultrachic, le point de vue est l'un des plus beaux de Hong Kong : les gratte-ciel tout proches, le port et Kowloon au loin. La nuit, le spectacle est encore plus éblouissant, mais pour en profiter, il faut supporter les prix élevés et le service médiocre. (☎852 2537 1388 ; www.sevva.hk ; 25e ét, Prince's Bldg, 10 Chater Rd , Central ; ⏲12h-24h lun-jeu, 12h-2h ven-sam ; Wi-Fi ; Ⓜ Central, sortie H)

Comprendre

Les remparts de Sheung Wan

Au XIXe siècle, beaucoup de Chinois, en majorité des coolies, quittèrent le continent pour Hong Kong en quête de travail et s'installèrent à Sheung Wan. Pour les empêcher de se rapprocher des Européens vivant à proximité, les Britanniques mirent en place une politique ségrégationniste : les Chinois à l'ouest, les Européens à l'est, Aberdeen St servant de rempart invisible entre les deux. Les conditions de vie dans le quartier chinois étaient atroces et une épidémie de peste bubonique éclata en 1894, faisant 20 000 morts.

D'autres murs furent ensuite érigés dans Sheung Wan. Pour prévenir les glissements de terrain sur la très abrupte île de Hong Kong, les maçons étayèrent de nombreuses pentes avec des murs de retenue. Les joints ouverts entre les pierres permirent à de solides espèces d'arbres, tels les banians chinois, de se développer, renforçant encore les murs. Aujourd'hui, Sheung Wan est l'un des quartiers les plus cosmopolites de Hong Kong, mais les "arbres-murs" sont toujours là.

Shopping

Boutiques d'encens OFFRANDES

23 Plan p. 30, A2

Entre les n°136 et 150 de Queen's Rd West, des boutiques vendent de l'encens et des offrandes en papier destinées aux morts. Ces dernières sont brûlées pour apaiser l'âme des défunts et le choix est infini : *dim sum*, iPad, montres de luxe, entre autres. Vous pouvez les acheter comme souvenirs, mais les conserver est censé provoquer la malchance. (Queen's Rd W, Sheung Wan ; 8h-19h ; 26)

Lam Kie Yuen Tea Co ALIMENTATION

24 Plan p. 30, C2

Cette boutique, ouverte depuis 1955, témoigne de la multitude de thés disponibles en Chine. Du thé non fermenté au thé post-fermenté, en passant par toutes les variétés intermédiaires, le choix est difficile. Mais ne paniquez pas, le propriétaire vous proposera une dégustation. (林奇苑茶行 ; 852 2543 7154 ; www.lkytea.com ; 105-107 Bonham Strand E, Sheung Wan ; 9h-18h30 lun-sam ; M Sheung Wan, sortie A2)

Chan Shing Kee ANTIQUITÉS

25 Plan p. 30, D2

Ce magasin, avec ses trois étages d'exposition, est tenu par Daniel Chan, troisième génération d'une famille dans le métier depuis 70 ans. Chan Shing Kee est connu des collectionneurs et des musées du monde entier pour ses beaux meubles chinois classiques (du XVIe au XVIIIe siècle). On y trouve également des objets d'érudits, comme

Comprendre

La colonisation britannique et sa fin

Les marchands européens ont commencé à importer de l'opium à Hong Kong au XVIIIe siècle, et dès le début du XIXe siècle, les Britanniques l'échangeaient activement contre de la soie, de la porcelaine et du thé chinois.

Les guerres de l'opium

Les tentatives chinoises de mettre fin à ce commerce offrirent au Royaume-Uni un prétexte pour envoyer des navires de guerre. En 1842, le traité de Nankin, qui mit fin à la première guerre de l'opium, scella la cession de l'île aux Britanniques. Après la deuxième guerre de l'opium, en 1860, le Royaume-Uni prit possession de la péninsule de Kowloon et, en 1898, la Chine lui accorda un bail de 99 ans pour les “Nouveaux Territoires”.

La transformation

Le XXe siècle connut plusieurs vagues de réfugiés chinois. Le commerce s'épanouit, jusqu'à ce que les Japonais interrompent la fête en 1941.

À la fin de la Seconde Guerre mondiale, la population de Hong Kong s'était effondrée, mais un nouvel afflux de réfugiés chinois fit passer la population à plus de 2 millions. L'embargo commercial imposé par les Nations unies à la Chine durant la guerre de Corée permit à Hong Kong de se réinventer comme l'un des ports et centres industriels et financiers les plus dynamiques du monde.

Le retour de souveraineté

Le Royaume-Uni accepta de rendre Hong Kong à la Chine en 1997 et l'ère britannique prit fin le 1er juillet 1997.

En mars 2012, Leung Chun-ying devint le quatrième chef de l'exécutif de Hong Kong. Désormais confirmées, les accointances communistes de Leung inquiètent beaucoup de Hongkongais. Cette crainte est amplifiée par la forte augmentation du coût de la vie et par l'afflux de touristes du continent. Les tensions croissantes avec Pékin dominent la politique de Hong Kong, mettant en péril le principe “un pays, deux systèmes”.

Mais malgré le climat général d'anxiété, tout n'est pas tout noir. Au contraire, ces défis suscitent chez de nombreuses personnes une forte volonté de défendre l'état de droit et les libertés civiles.

des paravents anciens et des boîtes en bois. (陳勝記 ; ☎852 2543 1245 ; www.chanshingkee.com ; 228-230 Queen's Rd Central, Sheung Wan ; ⏲9h-18h lun-sam ; 🚌101, 104)

Gallery of the Pottery Workshop ART ET ARTICLES POUR LA MAISON

26 Plan p. 30, D3

Cette galerie expose de ravissants objets en céramique, de la vaisselle aux sculptures, fabriqués par des artistes locaux et des artisans venus du continent et de l'étranger. (樂天陶社 ; ☎852 2525 7949 ; www.potteryworkshop.com.cn ; 3e ét Hollywood House, 27-29 Hollywood Rd, Soho ; ⏲13h-18h mar-dim ; 🚌26)

Armoury VÊTEMENTS

27 Plan p. 30, F4

Cette boutique est spécialisée dans les vêtements raffinés importés du monde entier. Vous pourrez y choisir un costume bien taillé, à souligner d'une cravate et d'une paire de chaussures de grande qualité (également sur mesure). (☎852 2804 6991 ; www.thearmoury.com ; 307, 3e ét, Pedder Bldg, 12 Pedder St, Central ; ⏲11h-20h lun-sam ; MCentral, sortie 1)

Picture This CADEAUX ET SOUVENIRS

28 Plan p. 30, F4

Les affiches, photographies, tirages, cartes de Hong Kong et d'Asie, et livres anciens en vente dans cette boutique séduiront les collectionneurs et les visiteurs à la recherche d'un cadeau insolite. Les prix ne sont pas bon marché, mais les cartes et tirages sont garantis originaux. (☎852 2525 2803 ; www.picturethiscollection.com ; 13e ét, 9 Queen's Rd, Central ; ⏲10h-19h lun-sam, 12h-17h dim ; MCentral, sortie H)

APHOTOSTORY/SHUTTERSTOCK ©

Cat Street (p. 34)

Shanghai Tang VÊTEMENTS, MAISON

29 Plan p. 30, F4

Cet élégant magasin est l'adresse idéale pour un *qipao* (robe chinoise) revisité ou une veste à col mao. Pour du sur mesure, comptez deux semaines à un mois et un essayage. Vend également des coussins, des cadres, des théières et des jeux de mah-jong, dans un cadre chinois modernisé. (上海灘 ; ☎852 2525 7333 ; www.shanghaitang.com ; 1 Duddell St, Shanghai Tang Mansion, Central ; ⏲10h30-20h ; MCentral, sortie D1)

Les incontournables
Le Victoria Peak

Comment y aller

Bus N°15 de Central au sommet ; n°15C ou 12S jusqu'au Peak Tram Lower Terminus.

Tram Peak Tram Lower Terminus, 33 Garden Rd (AS/AR 28/40 HK$; toutes les 10 à 15 minutes ; 7h-24h).

D'une hauteur de 552 m, le Victoria Peak est le point culminant de l'île de Hong Kong. C'est également l'un des endroits les plus visités par les touristes, et l'on comprend aisément pourquoi : une vue panoramique sur la métropole animée, des forêts verdoyantes et des balades faciles mais spectaculaires – le tout à seulement 8 minutes de Central.

Vue depuis le Peak Lookout

À ne pas manquer

L'ascension jusqu'au sommet

Le meilleur moyen de rejoindre son sommet est d'emprunter l'extraordinaire **Peak Tram** (Lower Terminus, 33 Garden Rd, Central ; aller/aller-retour adulte 28/40 HK$, enfant 3-11 ans et plus de 65 ans 11/18 HK$; ⌚7h-24h ; Ⓜ Central, sortie J2), qui semble défier les lois de la pesanteur. S'élevant presque verticalement au-dessus des gratte-ciel voisins, le plus ancien funiculaire d'Asie (125 ans) grimpe tranquillement le flanc de la colline pour atteindre la Peak Tower. Au Lower Terminus, à Central, une galerie intéressante abrite une réplique de la toute première voiture. La **Peak Galleria** (山頂廣場 ; 118 Peak Rd, Victoria Peak), située à côté du bâtiment en forme d'enclume de la **Peak Tower** (凌霄閣 ; ☎852 2849 0668 ; 128 Peak Rd, Victoria Peak ; ⌚10h-23h lun-ven, 8h-23h sam, dim et jours fériés), dispose quant à elle d'une plate-forme d'observation en accès libre, mais la vue sur le port est dissimulée.

Une promenade nature

À 500 m environ au nord-ouest de la Peak Tower, en remontant la très escarpée Mt Austin Rd, se trouve le site de l'ancienne résidence d'été du gouverneur de Hong Kong, qui fut réduite en cendres par les Japonais durant la Seconde Guerre mondiale. Son beau jardin a été restauré et équipé de colonnes de pierre et de belvédères faussement victoriens. Il est ouvert au public.

Un circuit de 3,5 km est formé par Harlech Rd au sud, en partant du Peak Lookout, et Lugard Rd, qui la rejoint. Comptez 45 minutes de marche. Poursuivez la promenade sur 2 km le long de Peak Rd pour arriver à Pok Fu Lam Reservoir Rd. Hatton Rd qu'on rejoint par Lugard Rd ou Harlech Rd, sur le flanc ouest, descend jusqu'à l'université de Hong Kong à Pok Fu Lam. Le Hong Kong Trail, long de 50 km, part également du sommet.

維多利亞山頂

Plan p. 30, C5

☎852 2522 0922

www.thepeak.com.hk

gratuit

⌚24h/24

À savoir

▶ Si vous ne voulez pas payer l'accès à la plate-forme d'observation de la Peak Tower, le Lion Pavilion – à l'est du terminus du Peak Tram – est le meilleur endroit pour bénéficier d'une vue gratuite sur le Victoria Harbour.

▶ La Peak Galleria propose de très bonnes affaires sur les souvenirs.

Une petite faim ?

Direction le **Peak Lookout** (太平山餐廳 ; ☎852 2849 1000 ; www.peaklookout.com.hk ; 121 Peak Rd, le Peak ; déj/dîner à partir de 250/350 HK$; ⌚10h30-23h30 lun-ven, 8h30-23h30 sam-dim) offre un menu international dans un bâtiment ancien.

Explorer

Île de Hong Kong : Lan Kwai Fong et Soho

Lan Kwai Fong et Soho forment l'épicentre festif de Hong Kong. La ruelle Lan Kwai Fong tourne au sud, puis à l'ouest de D'Aguilar St, mais le quartier englobe aussi D'Aguilar St, Wo On Lane, Wing Wah Lane et Wyndham St. On y croise une population jeune et cosmopolite, de classe moyenne. Soho (*south of Hollywood Rd*) est connu pour ses galeries d'art, ses antiquaires, ses bars et ses restaurants.

L'essentiel en un jour

Prenez le Peak Tram jusqu'au sommet du **Victoria Peak** (p. 42) pour quelques heures de flânerie. En redescendant, offrez-vous des *dim sum* à la splendide **Luk Yu Tea House** (p. 52), étoilée au guide Michelin.

Explorez ensuite les galeries d'art et antiquaires (p. 58) de Hollywood Rd, sans oublier de faire halte à la **Central Police Station** (p. 49), puis au pôle artistique **PMQ** (p. 50) pour des souvenirs design. Faites une pause au **Lan Fong Yuen** (p. 52) pour déguster un thé dans un décor des années 1950, ou au temple de la cuisine crue **Mana!** (p. 51).

Fatigué de marcher ? Offrez-vous un massage des pieds au **Happy Foot Reflexology Centre** (p. 51). Une fois l'appétit bien ouvert, commandez des spécialités cantonaises au **Ser Wong Fun** (p. 52). Terminez la soirée par une tournée des bars.

Pour une soirée 100% hongkongaise à Lan Kwai Fong et Soho, voir p. 46.

100% hongkongais

Tournée des bars à LKF et Soho (p. 46)

Le meilleur du quartier

Se restaurer

Luk Yu Tea House (p. 52)

Dumpling Yuan (p. 51)

Lan Fong Yuen (p. 52)

Prendre un verre

Club 71 (p. 47)

Angel's Share Whisky Bar (p. 54)

Shopping

Grotto Fine Art (p. 58)

PMQ (p. 59)

G.O.D. (p. 57)

Comment y aller

Bus La ligne n°26 circule le long de Hollywood Rd.

MTR Arrêt Central (lignes Island et Tsuen Wan).

100% hongkongais
Tournée des bars à LKF et Soho

Vous trouverez ci-dessous certaines des adresses de Lan Kwai Fong (LKF) et Soho les plus appréciées des connaisseurs. Certaines raviront particulièrement les œnophiles, tandis que d'autres sont plus destinées aux amateurs de cocktails ou de culture, mais toutes ont assez de charme et d'attrait pour garantir à chacun une sortie mémorable.

❶ Cocktails et club privé

Le **Stockton** (☎852 2565 5268 ; www.stockton.com.hk ; 32 Wyndham St, Lan Kwai Fong ; ⏲18h-tard lun-sam ; Ⓜ Central, sortie D2) évoque un club londonien de l'époque victorienne. Les canapés Chesterfield et les candélabres forment des box intimes où l'on sirote des cocktails à base de rhum ou de whisky. Réservez le week-end si vous arrivez après 21h.

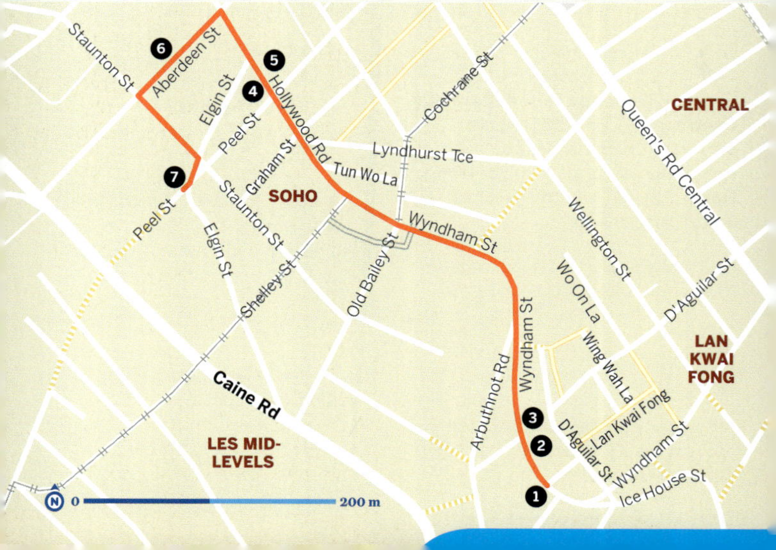

❷ Un verre dans une main, une raquette dans l'autre

Le **Tazmania Ballroom** (☎852 2801 5009 ; www.tazmaniaballroom.com ; 1er ét, 33 Wyndham St, LKF Tower, Lan Kwai Fong ; ⏲17h-tard, *happy hour* 17h-20h ; Ⓜ Central, sortie D2) sort ses tables de ping-pong tous les mardi, jeudi et samedi soir. Attention : le *dress code* est plutôt "chic décontracté". Vous pourrez aussi y jouer au billard avec des banquiers ou prendre l'air sur le balcon.

❸ Exubérance et aperitivo

Avec sa devanture ouverte, sa clientèle exubérante et ses en-cas d'*aperitivo,* le très sophistiqué **Tivo** (☎852 2116 8055 ; www.aqua.com.hk ; 43-55 Wyndham St, Lan Kwai Fong ; ⏲18h-24h dim-jeu, 18h-tard ven-sam ; Ⓜ Central, sortie D2) est une véritable merveille. Les premier et troisième dimanches de chaque mois, à partir de 19h, de ravissantes drag-queens animent le Tivo Tea Dance.

❹ Cure détox aux plantes

Kung Lee (公利真料竹蔗水 ; ☎852 2544 3571 ; 60 Hollywood Rd, Soho ; jus à partir de 11 HK$; ⏲11h-23h ; 🚌26) sert des tisanes et du jus de canne à sucre frais depuis 1948 – la qualité est la même, tout comme les charmants carreaux anciens. Vous y trouverez aussi de la "gelée de tortue", faite à base de poudre de plastrons d'une certaine espèce de tortues – une pause détox idéale entre deux bars.

❺ À la rencontre des activistes locaux

Le **Club 71** (sous-sol, 67 Hollywood Rd, Soho ; ⏲15h-2h lun-sam, 18h-1h dim, *happy hour* 15h-21h ; 🚌26, Ⓜ Central, sortie D1) doit son nom à une manifestation organisée en 2003 contre une loi qui devait limiter la liberté d'expression. C'est un lieu très prisé des activistes et des artistes, qui viennent y prendre une bière ou assister à des concerts de blues. L'extérieur est le lieu où les révolutionnaires avaient préparé le renversement de la dynastie Qing il y a plus d'un siècle. L'entrée de l'allée se fait au 67 Hollywood Rd.

❻ Ambiance sixties

Tai Lung Fung (☎852 2572 2886 ; 1e ét, boutique H107, PMQ, 35 Aberdeen St, Central ; ⏲11h-23h ; Ⓜ Sheung Wan) vous plonge dans l'atmosphère du Hong Kong des années 1960, avec son bar en mosaïques et ses affiches de travaux publics rétro. Une clientèle d'artistes sirote des liqueurs maison aux saveurs d'osmanthe et de thé pǔ'ěr, tout en grignotant des en-cas traditionnels comme les canapés aux crevettes.

❼ Bière artisanale à la pression

Le **Roundhouse Taproom** (☎852 2366 4880 ; www.roundhouse.com.hk ; 62 Peel St, Soho ; ⏲12h-23h, *happy hour* 12h-20h ; Ⓜ Central, sortie D1) sert 25 excellentes variétés de bière artisanale à la pression, dont quelques éditions limitées. Faites votre choix sur la carte iPad et installez-vous dans le bar bien éclairé ou à l'extérieur, sur les marches.

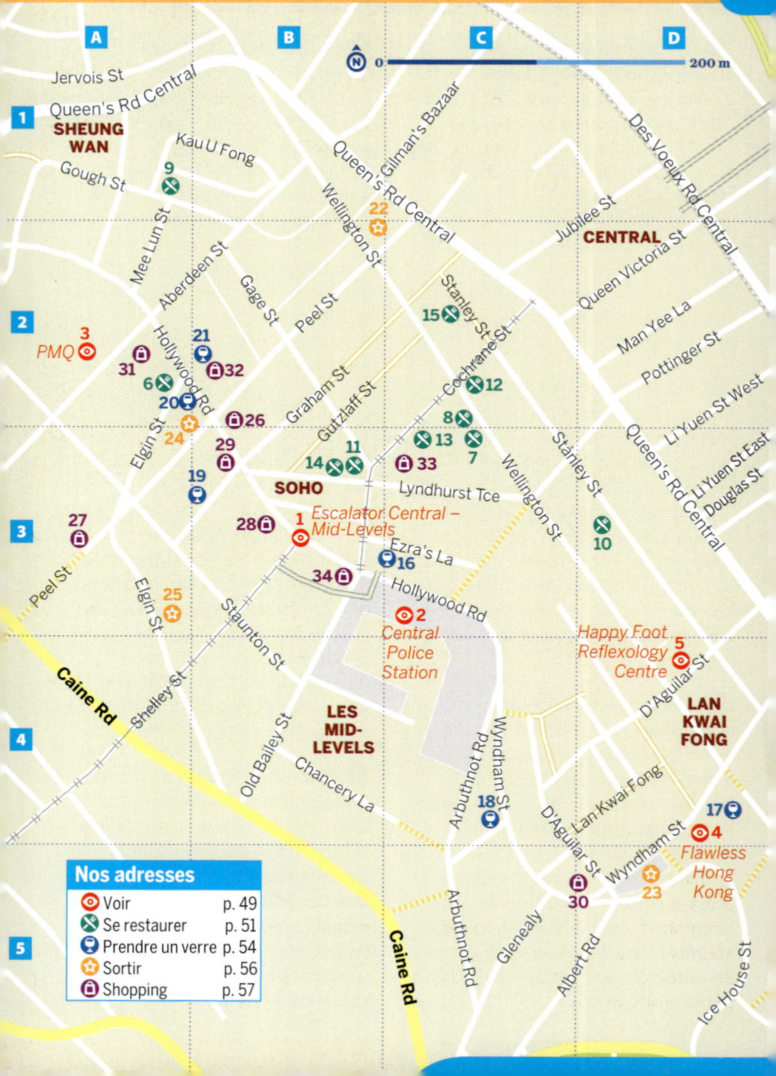
A
B
C
D
0
200 m
Jervois St
Queen's Rd Central
SHEUNG WAN
Kau U Fong
Gough St
Mee Lun St
Aberdeen St
Gage St
Peel St
Wellington St
Queen's Rd Central
Gilman's Bazaar
Des Voeux Rd Central
Jubilee St
CENTRAL
Queen Victoria St
Man Yee La
Pottinger St
Li Yuen St West
Li Yuen St East
Douglas St
Stanley St
Cochrane St
Hollywood Rd
Graham St
Gutzlaff St
Elgin St
SOHO
Lyndhurst Tce
Wellington St
Stanley St
Queen's Rd Central
Escalator Central – Mid-Levels
Ezra's La
Hollywood Rd
Central Police Station
Happy Foot Reflexology Centre
D'Aguilar St
LAN KWAI FONG
Peel St
Elgin St
Staunton St
Caine Rd
Shelley St
Old Bailey St
LES MID-LEVELS
Chancery La
Arbuthnot Rd
Wyndham St
Lan Kwai Fong
D'Aguilar St
Wyndham St
Flawless Hong Kong
Arbuthnot Rd
Glenealy
Albert Rd
Ice House St
Caine Rd
PMQ
1 2 3 4 5 6 7 8 9 10 11 12 13 14 15 16 17 18 19 20 21 22 23 24 25 26 27 28 29 30 31 32 33 34
Nos adresses
Voir p. 49
Se restaurer p. 51
Prendre un verre p. 54
Sortir p. 56
Shopping p. 57

DOUBLEPHOTO STUDIO/SHUTTERSTOCK ©

Escalator Central – Mid-Levels

Voir

Escalator Central – Mid-Levels ESCALATOR

1 Plan p. 48, B3

Cet escalier mécanique couvert, le plus long du monde, serpente des bureaux de Central jusqu'aux maisons avoisinant Conduit Rd. Découvrez Stanley St et Wellington St, à la fois glamour et traditionnelles ; Gage St et Lyndhurst, où fleuristes et prostituées officiaient jadis ; Hollywood Rd, l'une des deux plus anciennes rues de Hong Kong ; Staunton St, où les magasins de porcelaine ont fait place à Soho ; et enfin, Shelley St, du nom d'un ancien contrôleur des finances publiques. (descente 6h-10h, montée 10h30-24h)

Central Police Station ÉDIFICE HISTORIQUE

2 Plan p. 48, C3

Bâti entre 1841 et 1919 sur le modèle de la Cour d'assises de Londres, ce vaste ensemble de bâtiments désaffectés, le plus ancien symbole de l'autorité à Hong Kong, réunissait commissariat, tribunal et prison. Actuellement en rénovation, il accueillera un pôle culturel, avec cinéma, musée et galerie marchande. (10 Hollywood Rd, Lan Kwai Fong ; 26, M Central, sortie D2)

YIUCHEUNG/SHUTTERSTOCK ©

PMQ

PMQ

PÔLE ARTISTIQUE

3 Plan p. 48, A2

Ce tout nouveau pôle artistique occupe la vaste cour et les bâtiments modernistes de l'ancien Police Married Quarters (vers 1951). Des dizaines de petites galeries et boutiques vendent des bijoux faits main, des articles en cuir, des affiches, des vêtements, des objets pour la maison et plus encore, ce qui fait du PMQ un formidable endroit pour dénicher des souvenirs tendance. On y trouve aussi plusieurs restaurants et boulangeries, ainsi qu'un vaste espace d'exposition offrant un programme varié de spectacles gratuits. (元創方 ; 852 2870 2335 ; www.pmq.org.hk ; S614, Block A, PMQ, 35 Aberdeen St, Soho ; bâtiment 7h-23h, boutiques 12h-20h ; 26, M Central, sortie D2)

Flawless Hong Kong

BIEN-ÊTRE

4 Plan p. 48, D4

Ce spa reconnu attire une clientèle relativement jeune grâce à son cadre douillet et à sa vaste gamme de soins pour le visage (à partir de 580 HK$) et les ongles (à partir de 160 HK$). Il recourt à divers sérums sophistiqués, dont des remèdes anti-âge, mais sans en rajouter dans le style fleurs et galets. (2869 5868 ; www.flawless.hk.com ; 4e ét, 22-28 Wyndham St, Sea Bird House, Lan Kwai Fong ; 10h-22h ; M Central, sortie D1)

Happy Foot Reflexology Centre BIEN-ÊTRE

5 Plan p. 48, D4

S'offrir d'intenses massages de pieds est une habitude régulière chez de nombreux employés hongkongais. Massage des pieds/du corps à partir de 200/2 50 HK$ les 50 minutes dans ce spa prisé. (知足樂 ; 852 2522 1151 ; www.happyfoot.hk ; 19e et 20e ét, 1 D'Aguilar St, Century Sq, Lan Kwai Fong ; 10h-24h ; M Central, sortie D2)

Se restaurer

Ho Lee Fuk CHINOIS MODERNE $$

6 Plan p. 48, A2

Aussi irrévérencieux que son nom le suggère, ce restaurant animé en sous-sol revisite de façon moderne et originale la cuisine rétro de Chinatown. Les canapés aux crevettes sont servis avec une pointe de mayonnaise japonaise et des copeaux de bonite séchée, le *char siu* se fait haut de gamme avec du porc berkshire, et le *lo mein* aux crevettes est parsemé de morceaux croustillants d'ail frit et arrosé d'huile de crustacés. Malgré l'éclairage tamisé, on y vient pour voir et être vu. (852 2810 0860 ; http://holeefookhk.tumblr.com/ ; 1-5 Elgin St, Soho ; repas 250-500 HK$; 18h-23h dim-jeu, 18h-24h ven-sam ; M Central, sortie D2)

Mana! Fast Slow Food VÉGÉTALIEN $

7 Plan p. 48, C3

Spécialisé dans l'alimentation crue, ce paradis végétalien prépare des smoothies, des salades et des desserts pour une clientèle professionnelle. Les pains plats (disponibles sans gluten) sont cuits sur place par le personnel enjoué, puis servis accompagnés de légumes bio et de sauces méditerranéennes. Outre la cuisine savoureuse et saine, l'ambiance hippie de Mana vous fera oublier sa petite taille et ses prix pas si bohèmes. (852 2851 1611 ; www.mana.hk ; 92 Wellington St, Soho ; repas 100-200 HK$; 10h-22h ; ; M Central, sortie D2)

Dumpling Yuan CHINE DU NORD $

8 Plan p. 48, C2

Les gens du coin et du Nord se pressent dans cette petite échoppe pour déguster ses neuf variétés de juteux raviolis chinois – agneau et cumin, porc et ciboulette, œuf et tomate, etc. –, véritables bouchées célestes. Versions végétariennes disponibles. (餃子園 ; 852 2541 9737 ; 98 Wellington St, Soho, repas à partir de 40 HK$; 11h-22h30 lun-sam ; ; 40M)

Kau Kee Restaurant NOUILLES $

9 Plan p. 48, A1

Vous pourriez discuter pendant des heures pour savoir si Kau Kee sert la meilleure poitrine de bœuf en ville. Mais quel que soit le verdict, il vous sera difficile de trouver meilleure viande – servie avec des nouilles succulentes dans un bouillant de bœuf parfumé. Depuis 90 ans, les stars de cinéma et les politiciens y font aussi la queue pour une table. (九記牛腩 ; ☎852 2850 5967 ; 21 Gough St, Sheung Wan ; repas à partir de 40 HK$; ⏲12h30-19h15 et 20h30-23h30 lun-sam ; Ⓜ Sheung Wan, sortie E2)

Luk Yu Tea House

CANTONAIS **$$**

10 Plan p. 48, D3

Célèbre pour sa cuisine autant que pour son style "Art déco oriental", cette magnifique maison de thé ancienne (1933) fut jadis un repaire de chanteurs d'opéra, d'écrivains et de peintres (parmi lesquels l'auteur de l'extraordinaire dessin à l'encre qui orne l'un des murs), qui y donnaient des récitals et discutaient de l'avenir du pays. Au menu : des plats cantonais traditionnels tels que le porc aigre-doux, les canapés aux crevettes et une variété de *dim sum*. (陸羽茶室 ; ☎852 2523 5464 ; 24-26 Stanley St, Lan Kwai Fong ; repas 300 HK$; ⏲7h-22h, *dim sum* jusqu'à 17h30 ; 👪 ; Ⓜ Central, sortie D2)

Lan Fong Yuen

CAFÉ **$**

11 Plan p. 48, B3

Derrière la façade branlante de cet établissement de 1952 se cache un *cha chaan tang* (maison de thé). C'est ici que serait né le "*pantyhose milk tea*", un puissant et onctueux breuvage dont plus d'un millier de tasses se vendent quotidiennement. En outre : beignets aux côtelettes de porc, nouilles sautées et autres plats à déguster sur le pouce. Admirez le personnel à l'œuvre en attendant qu'une table se libère. (蘭芳園 ; ☎852 2854 0731, 852 2544 3895 ; 2 et 4A Gage St, Soho ; repas à partir de 60 HK$; couvert 20 HK$; ⏲7h-18h lun-sam ; 🚌5B)

Mak's Noodle

NOUILLES, CANTONAIS **$**

12 Plan p. 48, C2

Dans cet établissement légendaire, les nouilles sont faites de manière traditionnelle, à l'aide d'une perche en bambou, puis servies dans une cuillère placée au-dessus du bol, pour éviter que les nouilles ne ramollissent. Les nouilles à la poitrine de bœuf sont remarquables. (麥奀雲吞麵世家 ; ☎852 2854 3810 ; 77 Wellington St, Soho ; nouilles 32-48 HK$; ⏲11h-20h ; 🚌40M)

Ser Wong Fun

CANTONAIS **$**

13 Plan p. 48, C3

Ce spécialiste de la soupe de serpent propose aussi tout un choix de plats

À savoir

Réservation et pourboire

Il est conseillé de réserver, même dans les restaurants les moins chers, surtout les vendredi et samedi soir. Beaucoup d'établissements ajoutent 10% à l'addition pour le service. Si le service est exceptionnel, il est toujours possible de rajouter 5 à 10%. Dans les établissements de catégorie moyenne, un pourboire de 5 à 20 HK$ suffit.

LILY CHOU/GETTY IMAGES ©

Assortiment de *dim sum*

cantonais traditionnels et ce avec un succès certain, comme en témoignent les tables prises d'assaut. Nombre d'habitués ne viennent que pour la saucisse de foie de porc maison au vin rosé (parfait avec un bol de riz blanc). Réservation recommandée. (蛇王芬 ; ☎852 2543 1032 ; 30 Cochrane St, Soho ; repas 70 HK$; 🕒11h-22h30 ; Ⓜ Central, sortie D1)

Tai Cheong Bakery

BOULANGERIE $

14 Plan p. 48, B3

Tai Cheong était célèbre pour ses beignets plus légers que l'air (pâte frite puis roulée dans le sucre ; *sa yung* en cantonais) jusqu'au jour où l'ancien gouverneur Chris Patten y a été photographié en train d'engloutir des tartes aux œufs. Depuis, les tartes aux œufs *Fat Patten* ont volé la vedette. (泰昌餅家 ; ☎852 8300 8301 ; 35 Lyndhurst Tce, Central ; pâtisseries à partir de 8 HK$; 🕒7h30-21h lun-sam, 8h30-21h lun ; 🚌40M)

Yue Hing

DAI PAI DONG $

15 Plan p. 48, C2

Cet établissement décontracté, sélectionné avec quelques autres *dai pai dong* (étals en plein air) pour bénéficier d'un programme de sauvegarde, réinvente le sandwich hongkongais en rehaussant les

Dragon-i

ingrédients classiques (jambon, *corned beef* et œuf) de beurre de cacahuète et de chou cuit.
Et ça marche ! Comptez 15 minutes d'attente, car ces incroyables en-cas triangulaires sont préparés à la commande. (裕興 ; 76-78 Stanley St, Soho ; repas 25-40 HK$; 8h15-14h ; M Central, sortie D2)

Prendre un verre

Angel's Share Whisky Bar

BAR

16 Plan p. 48, C3

L'un des meilleurs bars à whisky de Hong Kong, cet établissement propose plus d'une centaine de whiskies du monde entier – majoritairement écossais, mais également français, japonais et américains. L'un de ces derniers (un Macallan de 23 ans) est tiré directement d'un énorme baril de chêne de 180 litres placé au milieu de la pièce. Si vous avez faim, faites votre choix parmi la sélection de plats à base de whisky. (852 2805 8388 ; www.angelsshare.hk ; 2e ét, 23 Hollywood Rd, Amber Lodge, Lan Kwai Fong ; 15h-2h lun-jeu, 15h-3h ven et sam ; M Central, sortie D1)

Studio

LOUNGE

17 Plan p. 48, D4

Le groupe de jazz en résidence dans ce bar de style années 1950, à Lan Kwai Fong, joue tous les soirs à 21h.

Les murs lambrissés et l'éclairage sophistiqué confèrent au lieu une atmosphère glamour et théâtrale. Des DJ prennent ensuite la relève jusque tard. Très tard. Les cocktails sont chers, mais la carte des whiskies est l'une des meilleures à la ronde. (www.studioclub.asia ; 1er ét, On Hing Bldg, 1 On Hing Tce, Central ; 18h-4h ; M Central, sortie D2)

Dragon-I

BAR, CLUB

18 Plan p. 48, B3

Cette adresse branchée compte un bar intérieur et une terrasse surplombant Wyndham St peuplée d'oiseaux chanteurs en cage. Après minuit, assistez aux minauderies des mannequins ukrainiens et des stars de la Cantopop, tandis que les DJ remplissent la piste de danse avec du hip-hop, du R&B et du jazz. Soignez votre tenue et/ou arrivez tôt si vous voulez entrer. (852 3110 1222 ; www.dragon-i.com.hk ; rdc supérieur, 60 Wyndham St, the Centrium, Lan Kwai Fong ; 12h-tard, *happy hour* en terrasse 15h-21h lun-sam ; 26, M Central, sortie D2)

Globe

PUB

19 Plan p. 48, B3

Outre son impressionnante carte des bières – 150 variétés importées, dont 13 à la pression –, le Globe sert la T8, première bière en fût produite à Hong Kong. Ce pub de 370 m² compte aussi une immense zone de restauration, avec longues tables en bois et banquettes confortables. Il est apprécié pour ses spécialités britanniques correctes. (852 2543 1941 ; www.theglobe.com.hk ; 45-53 Graham St, Soho ; 10h-2h, *happy hour* 10h-20h ; M Central, sortie D1)

Quinary

BAR À COCKTAILS

20 Plan p. 48, A2

Quinary, un bar à cocktails raffiné à l'éclairage tamisé, attire une foule élégante venue siroter ses cocktails maison d'inspiration asiatique, tels que le *Quinary Sour* (whisky, racine de réglisse, sucre noir chinois), le *Oolong Tea Collins* (vodka, sirop de thé oolong) ou encore le *Checkers* (vodka, sirop de sésame noir, glace à la vanille). Les prix sont élevés, donc mieux vaut y venir en début de soirée, avant de regagner des contrées moins élégantes mais meilleur marché. (852 2851 3223 ; www.quinary.hk ; 56-

À savoir

Non-fumeurs

Il est désormais interdit de fumer à l'intérieur des restaurants. Cette loi antitabac ne s'applique pas aux espaces extérieurs non protégés des bars et des restaurants. Certains bars prennent le risque de se faire verbaliser : des cendriers y traînent sur les tables pour attirer la clientèle. Il est aussi interdit de fumer dans les centres commerciaux, les musées, les transports publics, sur les plages et dans les parcs.

58 Hollywood Rd, Soho ; 17h-2h lun-sam ; M Central, sortie D2)

T:ME

BAR GAY

21 Plan p. 48, B2

Élégant bar gay, dans une ruelle résidentielle, face à un petit parc. Si les consommations ne sont pas données, l'*happy hour* est de mise toute la semaine. Entrez par l'allée qui donne sur Peel St, au nord d'Hollywood Rd. (852 2332 6565 ; www.time-bar.com ; 65 Hollywood Rd ; 18h-2h lun-sam ; M Central, sortie D1)

100% hongkongais

Ressources LGBT

Hong Kong possède une petite, mais dynamique, communauté gay et lesbienne en pleine expansion, et l'annuelle **Pride Parade** de novembre attire désormais des brandisseurs de drapeaux arc-en-ciel par milliers.

Pour des informations sur la culture et les événements LGBTQ à Hong Kong, contactez la **Pink Alliance** (http://pinkalliance.hk). Ou consultez les derniers événements dans le premier magazine gay gratuit de Hong Kong, *Dim Sum Magazine* (www.dimsum-hk.com).

Première organisation lesbienne de Hong Kong, **Les Peches** (852 9101 8001 ; lespechesinfo@yahoo.com) organise des soirées mensuelles en club et une rencontre annuelle sur un bateau pour les lesbiennes, les bisexuelles et leurs amis.

Sortir

Senses 99

CONCERTS

22 Plan p. 48, B2

Ce "bar clandestin" sur deux niveaux installé dans un bâtiment d'avant-guerre a toutes les caractéristiques d'une résidence de bon goût des années 1950 – hauts plafonds, balcons surplombant une rue tranquille, portes pliantes avec moustiquaire et canapés fatigués. Les concerts débutent à 22h, mais en attendant, vous pouvez assurer la partie batterie ou guitare à l'occasion d'un bœuf au 3e étage. (852 9466 2675 ; www.sense99.com ; 2e et 3e ét, 99 Wellington St, Soho ; 21h-tard ven-sam ; M Sheung Wan, sortie E2)

Fringe Club

CONCERTS, THÉÂTRE

23 Plan p. 48, D5

Installé dans un bâtiment victorien de 1892 qui abritait jadis une exploitation laitière, ce pôle artistique programme des concerts au **Dairy** plusieurs soirs par semaine, avec une préférence pour le jazz, le rock et la world music. Parallèlement, ses salles de spectacle intimistes accueillent un choix varié de productions locales et internationales. Situé à la limite de Lan Kwai Fong. (藝穗會 ; réservations 852 2521 9126, 852 2521 7251 ; www.hkfringeclub.com ; 2 Lower Albert Rd, Lan Kwai Fong ; 12h-24h lun-jeu, 12h-3h ven-sam ; M Central, sorties D1, D2 et G)

Peel Fresco

JAZZ

24 Plan p. 48, A2

Des jazzmen hongkongais et étrangers se produisent six jours sur sept sur la scène modeste mais spectaculaire du charmant Peel Fresco, faisant vibrer les tableaux de style Renaissance. Les concerts débutent vers 21h30, mais venez à 21h pour être sûr d'avoir une place. (852 2540 2046 ; www.peelfresco.com ; 49 Peel St, Soho ; 17h-tard lun-sam ; 13, 26, 40M)

TakeOut Comedy Club

COMÉDIE

25 Plan p. 48, A3

Besoin de rire un peu ? Le premier *comedy club* de Hong Kong, fondé par le Sino-Américain Jameson Gong, propose des spectacles de stand-up et d'improvisation en anglais, cantonais et mandarin. Il accueille également parfois les représentations d'humoristes venus de l'étranger. Consultez la programmation sur le site Internet. (852 6220 4436 ; www.takeoutcomedy.com ; sous-sol, 34 Elgin St, Soho ; 26)

Shopping

Arch Angel Antiques

ANTIQUITÉS

26 Plan p. 48, B2

Spécialisé dans les porcelaines anciennes et les décorations mortuaires, ce magasin sur trois étages recèle des merveilles : jeux de mah-jong, chevaux en terre cuite et meubles somptueux. (852 2851 6848 ; 53-55 Hollywood Rd, Lan Kwai Fong ; 9h30-18h30 lun-sam, 9h30-18h dim ; 26)

Bon plan

Demandez le programme !

Urbtix (www.urbtix.hk) et **Hong Kong Ticketing** (www.hkticketing.com) vendent des billets pour les événements majeurs de Hong Kong. Vous pouvez réserver vos billets sur leurs sites Internet ou les acheter directement sur le lieu du spectacle.

Artmap (www.artmap.com.hk)

Artslink (www.hkac.org.hk).

Time Out (www.timeout.com.hk).

Fang Fong Projects

VÊTEMENTS

27 Plan p. 48, A3

Les robes de Wu Lai-fan, savant mélange de tissus rétro et de silhouettes des années 1980, sont très seyantes. La boutique vend également certaines de ses propres créations. (69 Peel St, Lan Kwai Fong ; 11h-20h dim-jeu, 12h-21h ven-sam ; 26)

Flow

LIVRES

28 Plan p. 48, B3

Une collection tentaculaire de livres d'occasion en anglais couvre presque chaque centimètre de Flow. Vous devrez vous armer de patience pour trouver ce que vous cherchez. Ou demander à l'aimable propriétaire Lam Sum de vous indiquer la bonne étagère. (852

Arch Angel Antiques (p. 57)

2964 9483, 852 9278 5664 ; www.flowbooks.net ; 7e ét, 1A Wing On Bldg, 38 Hollywood Rd, Lan Kwai Fong ; 12h-19h ; 26)

G.O.D. CADEAUX, ARTICLES POUR LA MAISON

29 Plan p. 48, B3

Goods of Desire – ou G.O.D. – est une marque locale qui vend des articles pour la maison, des vêtements, des livres et des cadeaux rétro reprenant de façon audacieuse l'iconographie de Hong Kong. Vous y trouverez, entre autres, des tabliers imprimés avec des images des célèbres néons de la ville, des guirlandes lumineuses qui ressemblent aux abat-jour rouges omniprésents sur les marchés de produits frais, et du linge de lit aux motifs de carpes koï, de boîtes aux lettres vintage hongkongaises ou de caractères chinois du double bonheur. (Goods of Desire ; 852 2805 1876 ; http://god.com.hk/ ; 48 Hollywood Rd, Soho ; 11h-21h)

Grotto Fine Art ART

29 Plan p. 48, D5

Créée par un spécialiste de l'art hongkongais, cette magnifique galerie est l'une des rares à représenter des artistes locaux. La sélection, restreinte mais excellente, propose toutes sortes d'œuvres, des toiles aux sculptures, en passant par divers supports. Les prix sont raisonnables. (嘉圖 ; 852 2121 2270 ; www.grottofineart.com ; 2e ét, 31C-D Wyndham St, Lan Kwai Fong ; 11h-19h lun-sam ; M Central, sortie D2)

Karin Weber Gallery

ANTIQUITÉS

31 Plan p. 48, A2

Karin Weber compte une collection intéressante d'objets ruraux anciens de Chine et d'œuvres d'art contemporaines d'Asie. Elle peut organiser des excursions à Guǎngdōng pour les acheteurs sérieux. (852 2544 5004 ; www.karinwebergallery.com ; 20 Aberdeen St, Soho ; 11h-19h mar-sam, sur rdv dim ; 26)

Lam Gallery

ANTIQUITÉS

32 Plan p. 48, B2

Des diverses galeries que possède la famille Lam dans Hollywood Rd, celle-ci est la plus grande et la meilleure alentour en matière de sculptures. Si ces dernières prédominent, du néolithique jusqu'à la dynastie Qing, on y trouve également des céramiques, des peintures et des articles en bronze, en or ou en argent. La galerie Lam, qui pratique aussi la restauration, est connue des collectionneurs et commissaires-priseurs du monde entier. (松心閣 ; 852 2554 4666 ; 61 Hollywood Rd, Lan Kwai Fong ; 10h30-18h30 lun-ven, 11h-18h sam ; 26, M Central, sortie D2)

Linva Tailor

VÊTEMENTS, ACCESSOIRES

33 Plan p. 48, C3

Envie d'un *cheongsam*, cette robe chinoise longue et cintrée également appelée *qipao* ? Apportez votre propre soie ou choisissez sur place. Si vous manquez de temps, M. et Mme Leung se feront une joie de vous expédier vos articles une fois terminés. (年華時裝公司 ; 852 2544 2456 ; 38 Cochrane St, Soho ; 9h30-18h30 lun-sam ; 26)

PMQ

ARTISANAT, BIJOUX

Le bâtiment moderniste (voir 3 Plan p. 48, A2) qui abritait le Police Married Quarters est aujourd'hui l'un des meilleurs endroits à Hong Kong pour dénicher des créations de stylistes, bijoutiers et artisans locaux, avec des dizaines de boutiques installées dans les anciens appartements. On y trouve, entre autres, les vêtements de rue branchés de Kapok, les cadeaux sur le thème de Hong Kong de HKTDC Design Gallery, les bijoux d'inspiration industrielle de The Little Finger et les articles de cuisine en bambou de Bamboa Home. (852 2870 2335 ; www.pmq.org.hk ; 35 Aberdeen St, Central ; boutiques 11h-19h)

Wattis Fine Art

ANTIQUITÉS

34 Plan p. 48, B3

La galerie à l'étage compte la plus belle collection de cartes anciennes de toute la ville, ainsi qu'un choix impressionnant de photos d'époque de Hong Kong et de Macao. Accès par Old Bailey St. (www.wattis.com.hk ; 2e ét, 20 Hollywood Rd, Lan Kwai Fong ; 10h30-18h lun-sam ; 26)

Explorer

Île de Hong Kong : Admiralty, Wan Chai et Causeway Bay

En matière de sites, de magasins ou de restaurants, le tranquille quartier d'Admiralty préfère la qualité à la quantité. À l'est, Wan Chai, quartier des amateurs de culture et vitrine des traditions populaires, est aussi un haut lieu de la vie nocturne et le berceau de la cuisine la plus polyvalente de Hong Kong. Sur la très commerçante Causeway Bay, restaurants et grands magasins côtoient un hippodrome et un cimetière.

L'essentiel en un jour

Commencez par une visite tranquille de 2 heures 30 du **Hong Kong Park** (p. 64) et de l'**Asia Society Hong Kong Centre** (p. 71). Traversez le centre commercial de **Pacific Place** en descendant. Déjeunez à **Joy Hing** (p. 72), spécialiste du barbecue cantonais.

Consacrez 2 heures à la découverte du vieux Wan Chai : le **temple de Pak Tai** (p. 70), le **temple de Hung Shing** (p. 70), la **Blues House** (p. 70) et les marchés. Poursuivez vers le nord et Hennessy Rd, en faisant le plein de gadgets au **Wan Chai Computer Centre** (p. 67) et en vous imprégnant de l'ambiance du **Southorn Playground** (p. 66). Rejoignez ensuite Causeway Bay en tramway pour finir la journée par une séance de lèche-vitrine dans les centres commerciaux et chez Caroline Haven (p. 73).

Régalez-vous de la cuisine cantonaise maison à **Fortune Kitchen** (p. 72), mais gardez de la place pour un dessert sur mesure à **Atum Desserant** (p. 72).

Pour une journée 100% hongkongaise à Admiralty, Wan Chai et Causeway Bay, voir p. 66.

Les incontournables

L'hippodrome de Happy Valley (p. 62)

Le Hong Kong Park (p. 64)

100% hongkongais

Détente à Wan Chai (p. 66)

Le meilleur du quartier

Se restaurer

Fortune Kitchen (p. 72)

Seventh Son (p. 73)

Atum Desserant (p. 72)

Prendre un verre

Tai Lung Fung (p. 75)

Myhouse (p. 76)

Elephant Grounds (p. 76)

Stone Nullah Tavern (p. 77)

Comment y aller

Métro Arrêts Admiralty, Wan Chai, Causeway Bay et Tin Hau.

Tram À l'est, le long de Queensway, Johnston Rd et Hennessy Rd.

Bus Pour les bus desservant l'île de Hong Kong, l'arrêt Admiralty se trouve sous Queensway Plaza ; les lignes n°5, 5B et 26 mènent à Yee Wo St (Causeway Bay).

Les incontournables
L'hippodrome de Happy Valley

Les courses hippiques comptent parmi les spectacles les plus prisés à Hong Kong et il serait vraiment dommage de ne pas assister à l'une d'entre elles. Tous les mercredis, de septembre à juin, l'hippodrome de Happy Valley s'enflamme pour les courses, accompagnées d'un torrent de vin et de nourriture. Que vous vous essayiez à parier ou non, vous ne pouvez que céder à la folie collective qui emporte l'hippodrome dès que résonne le son des sabots.

跑馬地馬場

Plan p. 69, G5

852 2895 1523

www.hkjc.com/home/english/index.asp

2 Sports Rd, Happy Valley

10 HK$

19h-22h30 mer sept-juin

Happy Valley

À ne pas manquer

Petit guide du pari aux courses

Prenez un ticket de pari et indiquez-y le type de pari et la somme d'argent à miser (au moins 10 HK$). Remettez ensuite le ticket et l'argent à l'un des guichetiers installés à l'arrière des stands. Il vous donnera un récépissé, que vous devrez présenter pour réclamer vos gains après la course. Voici les principaux types de paris :

▶ Win – simple "gagnant" : vous misez sur un cheval, qui doit remporter la course.

▶ Place – simple "placé" : votre cheval doit finir dans le trio de tête.

▶ Quinella – couplé "gagnant" : vous misez sur deux chevaux, qui doivent arriver premier et deuxième (peu importe l'ordre).

▶ Quinella place – couplé "placé" : vos deux chevaux doivent arriver dans les trois premiers.

▶ Tierce – tiercé dans l'ordre : vos trois chevaux doivent arriver dans l'ordre.

▶ Trio – comme le tiercé, mais sans ordre.

Visites

Un **Come Horseracing Tour** (☎852 2368 7111, réservations 852 2316 2151 ; http://entertainment.hkjc.com/entertainment ; à partir de 1 080 HK$/pers) a lieu durant les courses et inclut le transport, l'accès à la zone des membres du club, un buffet et une visite guidée.

Musée de l'Hippodrome

Le **Hong Kong Racing Museum** (☎852 2966 8065 ; 2e ét, Happy Valley Stand, Wong Nai Chung Rd, Happy Valley ; gratuit ; ⏲12h-19h, 12h-21h les jours de course), présente des entraîneurs, jockeys et chevaux célèbres, ainsi que les courses mythiques des 150 dernières années.

☑ À savoir

Vous pourrez éviter la foule en quittant l'hippodrome juste avant la dernière course. Tournez à droite après les tourniquets et marchez 10 minutes jusqu'à la station de MTR Causeway Bay, à Times Sq.

Une petite faim ?

Des pizzas et kebabs corrects sont vendus à prix d'or dans l'hippodrome, et l'on trouve aussi un fast-food. Mais si vous vous dirigez vers Causeway Bay, **Yu** (渝酸辣粉 ; ☎852 2838 8198 ; 4 Yiu Wa St, Causeway Bay ; repas à partir de 100 HK$; ⏲12h-17h et 18h-23h ; Ⓜ Causeway Bay, sortie A) vous attend avec des nouilles sichuanaises moelleuses et des plats riches en saveurs.

Les incontournables
Hong Kong Park

Le parc de Hong Kong est l'un des plus originaux du monde. Il se caractérise par ses éléments construits par l'homme, notamment sa fontaine principale, sa serre, ses mares et cascades (très prisées des jeunes mariés, tout frais sortis du bureau d'enregistrement des mariages du parc), ses aires de jeux pour enfants et son jardin de tai-chi. Le plus étonnant est que tous ces artifices n'entravent en rien la beauté de cet espace vert de 8 ha. En outre, étant entouré de gratte-ciel d'un côté et de montagnes de l'autre, il donne l'occasion de faire de très belles photos.

Plan p. 68, A3

香港公園

852 2521 5041

www.lcsd.gov.hk/en/ls_park.php

19 Cotton Tree Dr, Admiralty

Gratuit,

parc 6h-23h

M Admiralty, sortie C1

À ne pas manquer

Edward Youde Aviary

Principal attrait du parc, cette **volière** (尤德觀鳥園 ; Hong Kong Park, Admiralty ; 9h-17h) abrite plus de 600 oiseaux de 90 espèces différentes environ. Conçue comme une forêt tropicale, elle est équipée d'un pont en bois suspendu à 10 m au-dessus du sol, au niveau des branches. Le **Forsgate Conservatory** (霍士傑溫室 ; 10 Cotton Tree Dr, Admiralty ; 9h-17h), sur le versant donnant sur le parc, est la plus grande serre du Sud-Est asiatique.

Flagstaff House Museum of Tea Ware

Situé à la pointe nord du parc, ce **musée du Service à thé** (茶具文物館 ; 852 2869 0690 ; www.lcsd.gov.hk/CE/Museum ; 10 Cotton Tree Dr, Admiralty ; gratuit ; 10h-18h mer-lun) fut bâti en 1846 comme résidence du Commandant des forces britanniques. C'est le plus ancien bâtiment colonial de Hong Kong dans son site d'origine. Son élégance de style Greek Revival est complétée par les services à thé raffinés qui y sont exposés : tasses, plateaux, tasses à sentir et théières en porcelaine ou en argile violette, datant du XIe au XXe siècle.

KS Lo Gallery

Installée dans un bâtiment au sud-est du musée, la **KS Lo Gallery** (羅桂祥茶藝館 ; 852 2869 0690 ; 10 Cotton Tree Dr, Admiralty ; gratuit ; 10h-18h mer-lun) renferme de rares céramiques chinoises provenant de célèbres fours de la Chine antique, ainsi que des sceaux de pierre, rassemblés par le bienfaiteur qui a donné son nom à la galerie.

À savoir

- Le Lock Cha Tea Shop (p. 74) organise des conférences sur le thé, ainsi que des dégustations et des cours de calligraphie le week-end. Rendez-vous sur le site Internet et téléphonez pour plus de détails.

Une petite faim ?

Reprenez des forces avec un thé et des *dim sum* végétariens à l'élégant **Lock Cha Tea Shop** (p. 74). Réservez bien à l'avance si vous souhaitez déjeuner ou dîner.

100% hongkongais
Détente à Wan Chai

Wan Chai compte de nombreux endroits où habitants et employés de bureau viennent se détendre : des parcs et des cafés mais aussi des havres insoupçonnables, où chacun peut s'offrir quelques moments de répit. Pour les visiteurs, ces endroits éclectiques montrent un autre visage de la société hongkongaise.

❶ Southorn Playground

Prisé des seniors, qui viennent y jouer aux échecs, comme des amateurs de basket, ce **terrain de jeux** (修頓球場 ; Hennessy Rd, Wan Chai ; 🕓6h-23h30 ; Ⓜ Wan Chai, sortie A3) est aussi fréquenté par les danseurs de hip-hop, les adeptes du fitness, les travailleurs sociaux, et les employés de bureau cherchant un endroit où se poser pour déjeuner. Véritable cœur social de Wan Chai,

il marque la frontière entre maison et jeu – situé entre l'ancien quartier chaud de Wan Chai et le district résidentiel. On dit que, dans les années 1950, les marins étrangers qui allaient visiter les bars à "Suzy Wong" (bars à "hôtesses", popularisés par le film de 1960 *Le Monde de Suzy Wong*, avec Nancy Kwan) ne s'aventuraient jamais au-delà de cette limite, si ivres fussent-ils.

❷ Gadgets à gogo

Entre deux rendez-vous, les employés de bureau s'entassent dans le **Wan Chai Computer Centre** (p. 80), à côté du Southorn Playground, parfois simplement pour se tenir informés de la dernière tendance en matière de gadgets. On y trouve de tout, des iPhone aux ordinateurs sur mesure. Vous devrez jouer des coudes avec les habitués pour jeter un coup d'œil aux prix. Il y a peu de marge de manœuvre pour négocier.

❸ Temple sikh Khalsa Diwan

Ce **temple** (☎852 2572 4459 ; www.khalsadiwan.com ; 371 Queen's Rd E, Wan Chai ; ⏲5h-20h ; 🚌10) bleu et blanc de 1901 est ouvert aux personnes de toutes castes, couleurs ou croyances. La prière du dimanche (9h-13h) attire chaque semaine 1 000 croyants et non-croyants ; les prières quotidiennes (4h-8h, 18h-20h) sont plus calmes. Le temple distribue aussi gratuitement des repas végétariens (11h30-20h30).

❹ Hong Kong Cemetery

À proximité, face à l'hippodrome, ce **cimetière protestant** (香港墳場 ; www.fehd.gov.hk/english/cc/introduction.html ; Wong Nai Chung Rd, Happy Valley ; ⏲7h-18h ou 19h ; 👪 ; Ⓜ Causeway Bay, sortie A) jouxte des cimetières juif, hindou, musulman et catholique. Les tombes les plus anciennes datent du milieu du XIXe siècle et incluent celles de magnats, de colons et d'actrices.

❺ Jeteuses de sorts

Sous le pont de Canal Rd, près de Causeway Bay, vous pouvez payer des grand-mères jeteuses de sorts pour nuire à vos ennemis. Pour 50 HK$, ces redoutables ensorceleuses se proposent, avec une simple chaussure, de faire sa fête à une figurine en papier représentant toute personne à qui vous voudriez du mal. Dans un esprit plus pacifique, elles peuvent également conjurer les mauvais sorts (打小人, *da siu yan*).

❻ Un végétarien sur le marché

Gun Gei (根記健康素食 ; ☎852 2575 7595 ; No 6 Bowrington Rd Market & Cooked Food Centre, 21 Bowrington Rd, Wan Chai ; plats 32-70 HK$; ⏲8h30-14h30 et 17h30-21h30 lun-sam ; 🥗; Ⓜ Causeway Bay, sortie A), à l'intérieur du Bowrington Road Market, prépare des plats végétariens simples et savoureux. Pour le dîner, mieux vaut être accompagné d'une personne parlant chinois pour vous aider à réserver une table et précommander vos plats – l'endroit est souvent bondé.

A
B
C
D
1
2
3
4
5
0
500 m
Lung Wui Rd
Tim Wa Ave
Harcourt Rd
Lambeth St
Drake St
Tamar St
Cotton Tree Dr
Admiralty
ADMIRALTY
4
Tamar Park
Tim Mei Ave
Lung Wui Rd
Fenwick Pier St
Harcourt Garden
Queensway
14
Hong Kong Park
Pacific Place
Justice Dr
Kennedy Rd
Borrett Rd
6 Asia Society Hong Kong Centre
Star St
22
26
Anton St
Arsenal St
Jaffe Rd
Lockhart Rd
Fenwick St
Hennessy Rd
Queen's Rd East
Ship St
16
Swatow St
Lee Tung St
20
2 Temple de Hung Shing
Bowen Dr
Bowen Rd
Bowen Dr
Hong Kong Convention and Exhibition Centre
Expo Dr
Convention Ave
Hong Kong Convention and Exhibition Centre
Fleming Rd
24
WAN CHAI
Gloucester Rd
Luard Rd
O'Brien Rd
Wan Chai
Thomson Rd
Southorn Playground
30
Johnston Rd
29
Cross St
Wan Chai Rd
15
Blue House
21
3
18
Lung On St
Stone Nullah La
1
Temple de Pak Tai
Nos adresses
Les incontournables p. 62
Voir p. 70
Se restaurer p. 72
Prendre un verre p. 74
Sortir p. 77
Shopping p. 78

E
F
G
H
1
2
3
4
5
VICTORIA HARBOUR
Cross-Harbour Tunnel (tunnel sous le port)
Abri antityphon de Causeway Bay
Causeway Bay
Kellett Island
Bassin de chargement des cargos
Hung Hing Rd
Terrain de sport de Wan Chai
Tonnochy Rd
Marsh Rd
CAUSEWAY BAY
Harbour Rd
Harbour Dr
Canal Rd
Percival St
Jaffe Rd
Cannon St
Lockhart Rd
Causeway Bay
Houston St
19
Paterson St
31
Great George St
Gloucester Rd
7
Victoria Park
8
28
Kai Chiu Rd
Yee Wo St
Jaffe Rd
12
Lockhart Rd
Marsh Rd
17
Lee Garden Rd
27
Yun Ping Rd
23
Stewart Rd
Hennessy Rd
Russell St
9
Pennington St
Haven St
10
13
Wan Chai Rd
Bowrington Rd
Matheson St
Hysan Ave
11
5
Comix Home Base
Heard St
Yat Sin St
Yiu Wa St
Leighton Rd
Leighton Rd
32
25
Cross La
Wood Rd
MORRISON HILL
Broadwood Link Rd
CAROLINE HILL
Caroline Hill Rd
Wan Chai Park
Oi Kwan Rd
Sports Rd
Wong Nai Chung Rd
LEIGHTON HILL
Queen's Rd East
Stubbs Rd
Hau Tak La
Wong Nai Chung Rd
Hippodrome de Happy Valley
Ventris Rd
HAPPY VALLEY

Voir

Temple de Pak Tai — TEMPLE TAOÏSTE

1 Plan p. 68, D5

Une courte balade dans Stone Nullah Lane vous mènera à ce majestueux temple taoïste – le plus grand de l'île de Hong Kong – bâti en 1863 en l'honneur d'une divinité de la mer, Pak Tai. Les ornements en céramique du faîtage, des scènes d'opéra cantonais faites à Shiwan, sont un bel exemple d'architecture Lingnan à Hong Kong. Dans la salle principale, une statue en cuivre de 3 m de haut datant de la dynastie Ming représente Pak Tai. (北帝廟 ; 2 Lung On St, Wan Chai ; 8h-17h ; M Wan Chai, sortie A3)

Temple de Hung Shing — TEMPLE

2 Plan p. 68, C4

Niché dans le sud de Queen's Rd East, ce temple étroit, sombre et assez intimidant fut édifié (vers 1850) sur d'énormes rochers, en l'honneur de Hung Shing, un gouverneur de la dynastie Tang. Hung Shing fut déifié en raison de son érudition, mais surtout parce qu'il faisait des prédictions très précieuses pour les commerçants et les pêcheurs. (洪聖古廟 ; 129-131 Queen's Rd E, Wan Chai ; 8h30-17h30 ; 6, 6A, M Wan Chai, sortie A3)

Blue House — ARCHITECTURE

3 Plan p. 68, D5

La Blue House, construite dans les années 1920, et ses voisines, la **Yellow House** (黃屋 ; 852 2835 4376 ; http://houseofstories.sjs.org.hk ; 2-8 Hing Wan St, Wan Chai ; 6, 6A) et l'**Orange House** (橙屋 ; 852 2835 4376 ; http://houseofstories.sjs.org.hk ; 8 King Sing St, Wan Chai ; 6, 6A), forment un ensemble patrimonial connu sous le nom de "Viva Blue House". La star du lot, la Blue House, est un immeuble élégant de quatre étages orné de balcons espagnols en fonte rappelant la Nouvelle-Orléans. En cours de restauration, elle rouvrira vers la mi-2017 et abritera un magasin de desserts. Lors de sa fermeture, la **House of Stories** (香港故事館 ; 852 2835 4376 ; http://houseofstories.sjs.org.hk ; 74 Stone Nullah Lane, Wan Chai ; 11h-18h jeu-mar ; 6, 6A) sera transférée dans la Yellow House.

Tamar Park — PARC

4 Plan p. 68, B2

Ce parc, en face du port, sur le site des New Central Government Offices (新政府總部), est une charmante étendue de pelouses verdoyantes où l'on peut se dorer la pilule tout en regardant les bateaux aller et venir. Il fait partie d'une promenade de 4 km qui longe le littoral nord de l'île de Hong Kong de Central Piers à North Point, en passant par l'IFC Mall et Wan Chai. Des concerts et des manifestations artistiques s'y tiennent de temps en temps, et c'est ici qu'a eu lieu l'importante manifestation surnommée la "révolte des parapluies" en 2014. (添馬公園 ; Harcourt Rd, Admiralty ; M Admiralty, sortie A)

MOSAYMAY/SHUTTERSTOCK ©

Temple de Hung Shing

Comix Home Base MUSÉE

5 Plan p. 68, E4

Installé dans 10 bâtiments historiques (1910), ce musée met en vedette les auteurs de BD hongkongais, certains lauréats internationaux. Une bibliothèque, des expositions, des vidéos et des ateliers présentent la riche histoire de la BD, des classiques représentant les périodes de guerre *(Renjian Pictorial)*, des satires sur la vie dans une colonie britannique *(Old Master Q)*, aux BD d'arts martiaux de Ma Wing-shing, et aux créations pensives de Chi Hoi. (☎852 2824 5303 ; www.comixhomebase.com.hk ; 7 Mallory St, Wan Chai ; gratuit ; ⏱10h-20h ; Ⓜ Wan Chai, sortie A3)

Asia Society Hong Kong Centre ÉDIFICE HISTORIQUE

6 Plan p. 68, B4

Ce joyau architectural comprend des bâtiments militaires britanniques du XIXe siècle, notamment deux magasins à explosifs, reconvertis en un espace d'exposition, un théâtre polyvalent, un excellent restaurant et une librairie, tous ouverts au public. Les architectes Tod Williams et Billie Tsien ont imaginé des lignes respectant le caractère historique du site mais aussi l'environnement naturel. Au final, le bâtiment de plain-pied offre un contraste bienvenu avec les gratte-ciel voisins. Profitez de votre visite pour déjeuner à **AMMO** (☎852 2537 9888 ;

www.ammo.com.hk ; plats 118-400 HK$; 12h-24h dim-jeu, 12h-1h ven-sam). (亞洲協會香港中心, Hong Kong Jockey Club Former Explosives Magazine ; 2103 9511 ; www.asiasociety.org/hong-kong ; 9 Justice Dr, Admiralty ; galerie 11h-17h mar-dim, 11h-19h dernier jeu du mois ; M Admiralty, sortie F)

Victoria Park

PARC

7 Plan p. 68, H2

Construit sur l'ancien emplacement de l'**abri antityphon de Causeway Bay** (銅鑼灣避風塘 ; près de Hung Hing Rd, Causeway Bay ; M Causeway Bay, sortie D1), le Victoria Park est le plus grand espace vert public de l'île de Hong Kong. Le meilleur moment pour s'y rendre est le matin, en semaine, lorsqu'il accueille une foule pratiquant le tai-chi. Quelques jours avant le Nouvel An chinois, le parc se transforme en marché aux fleurs. Pendant la **fête de la Mi-automne**, les habitants viennent en masse, une lanterne à la main. La piscine, construite en 1957, d'abord en extérieur, est la plus ancienne de Hong Kong. (維多利亞公園 ; www.lcsd.gov.hk/en/ls_park.php ; Causeway Rd, Causeway Bay ; gratuit ; 24h/24 ; ; M Tin Hau, sortie B)

Se restaurer

Atum Desserant

DESSERTS $

8 Plan p. 68, G3

Regardez des desserts dignes d'être exposés dans un musée prendre forme sous vos yeux grâce à un peu d'azote liquide et aux années d'expérience du propriétaire comme chef pâtissier au Mandarin Oriental. *Improvisation* (348 HK$ pour deux) est un assortiment de pâtisseries, de fruits et de glaces dont la composition finale évoque à la fois le style de Jackson Pollock et de Monet. Et ce n'est pas que visuel – les saveurs sont étonnamment bien assorties. (852 2956 1411, 852 2377 2400 ; www.atumhk.com ; 16e ét, The L Square, 459-461 Lockhart Rd, Causeway Bay ; desserts à partir de 138 HK$; 14h45-24h lun-jeu, 13h-24h ven-dim ; M Causeway Bay, sortie C)

Fortune Kitchen

CANTONAIS $$

9 Plan p. 68, G3

Malgré son nom typique de Chinatown, Fortune Kitchen ressemble à une ancienne maison de thé et propose une cuisine cantonaise familière mais sophistiquée, à des prix raisonnables. Le propriétaire, ancien sous-chef dans un restaurant étoilé au Michelin, exprime ses talents culinaires dans des plats comme le poulet à la vapeur aux coquilles Saint-Jacques séchées et son riz éponyme sauté. Mieux vaut réserver. (盈福小廚 ; 852 2697 7317 ; 5 Lan Fong Rd, Causeway Bay ; plats 100-500 HK$; 11h30-17h et 18h-22h30 ; M Causeway Bay, sortie A)

Joy Hing Roasted Meat

CANTONAIS $

10 Plan p. 68, E3

Ce stand basique est l'une des meilleures adresses de barbecue cantonais (Le Michelin approuve) – des

Comprendre
Caroline Haven

L'ancien quartier bourgeois bordé par Caroline Hill Rd, Haven St et la partie est de Leighton Rd est devenu un havre pour les indépendants exilés à cause des loyers exorbitants de Causeway Bay. Ce que l'on appelle parfois "Caroline Haven" se concentre autour du rez-de-chaussée d'un pâté de maisons résidentiel des années 1960.

À l'angle de Leighton Rd et de Caroline Hill Rd, la Danish Bakery sert des burgers et des cuisses de poulet frites depuis quatre décennies. À l'intérieur, des boutiques branchées, des magasins spécialisés excentriques et des *cha chaan tang* (maisons de thé). Il n'est pas rare de voir des ouvriers et des mécaniciens déjeuner torse nu, assis à des tables qui s'étalent jusque dans la galerie depuis les *cha chaan tang* en été ; ou des employés de bureau en costume en train de partager un cendrier avec des cuisiniers dans leur veste blanche souillée.

succulents morceaux de porc, d'oie, de poulet et de foie grillés au barbecue et servis sur du riz fraîchement cuit à la vapeur. Le menu se résume à des cartes accrochées au mur. Regardez ce que prennent vos voisins et pointez du doigt. (再興燒臘飯店 ; ☎852 2519 6639 ; 1C Stewart Rd, Wan Chai ; repas 30-60 HK$; 10h-22h ; M Wan Chai, sortie A4)

Kam's Roast Goose
CANTONAIS $

11 Plan p. 68, E4

Établissement issu du célèbre **Yung Kee Restaurant** (鏞記 ; ☎852 2522 1624 ; www.yungkee.com.hk ; 32-40 Wellington St, Lan Kwai Fong ; déj 150-400 HK$, dîner à partir de 450 HK$; 11h-22h30 ; ; M Central, sortie D2) à Central, Kam's applique toujours les mêmes critères stricts de choix et de cuisson des oies rôties les plus appréciées de la ville. En plus des volailles juteuses à la peau croustillante, d'autres grillades, comme le cochon de lait rôti, méritent d'être goûtées. (甘牌燒鵝 ; ☎852 2520 1110 ; www.krg.com.hk ; 226 Hennessy Rd, Wan Chai ; repas 70-200 HK$; 11h30-21h ; M Wan Chai, sortie A2)

Seventh Son
CANTONAIS $$

12 Plan p. 68, F3

Digne descendant de l'illustre **Fook Lam Moon** (福臨門 ; www.fooklammoon-grp.com ; Shop 8, 1e ét, 53-59 Kimberley Rd, Tsim Sha Tsui ; repas 400-2 000 HK$; 11h30-14h30 et 18h-22h30 ; M Tsim Sha Tsui, sortie B1), Seventh Son reproduit à la perfection les plats traditionnels de FLM et ajoute à son menu quelques plats de fruits de mer extravagants. La nourriture ici est excellente, et l'on vous traite comme un habitué. (家全七福 ; ☎852 2892 2888 ; www.seventhson.hk ; 5e et 6e ét, Kwan Chart Tower, 6 Tonnochy Rd, Wan Chai ; repas à partir de

350 HK$; ⏲11h30-15h et 18h-22h30 ; Ⓜ Wan Chai, sortie C)

Kin's Kitchen
CANTONAIS **$$**

13 Plan p. 68, F3

Ancien critique d'art devenu restaurateur, Lau Kin-wai injecte sa sensibilité artistique et sa passion pour les ingrédients régionaux dans ce restaurant discret, qui revisite les classiques cantonais. Lau, avec ses cheveux gris et ses joues roses, a des airs de bon vivant. On le voit parfois en train de discuter les mérites des quatre sortes de riz blanc au menu avec les clients. (留家廚房 ; ☎852 2571 0913 ; 5e ét, W Square, 314-324 Hennessy Rd, Wan Chai ; repas 180-450 HK$; ⏲12h-15h et 18h-23h ; Ⓜ Wan Chai, sortie A2)

Lock Cha Tea Shop
VÉGÉTARIEN, CHINOIS **$**

14 Plan p. 68, A3

Installé dans les abords luxuriants du Hong Kong Park, Lock Cha propose des thés parfumés et des *dim sum* végétariens savoureux dans une réplique d'un ancien bureau d'érudit. Il accueille aussi des concerts de musique chinoise le samedi (de 19h à 21h) et le dimanche (de 16h à 18h). Appelez pour réserver une place. La musique est populaire, la maison de thé est délicate. (樂茶軒 ; ☎852 2801 7177 ; www.lockcha.com ; rdc, KS Lo Gallery, 10 Cotton Tree Dr, Hong Kong Park, Admiralty ; *dim sum* 15-28 HK$, thé à partir de 25 HK$; ⏲10h-20h, fermé 2e mardi ; 🌶 ; Ⓜ Admiralty, sortie C1)

> Bon plan
>
> **Dîner écolo**
>
> Évitez les poissons des eaux profondes et les ailerons de requin. Le World Wildlife Fund (WWF) a édité un guide des produits de la mer durables (en anglais, www.wwf.org.hk).

Serge et le Phoque
FRANÇAIS MODERNE **$$$**

15 Plan p. 68, D4

Attendez-vous à voir les bouchers du marché de produits frais en train de découper des morceaux de viande à travers les grandes baies vitrées, alors que vous savourez un succulent bœuf français ou des coquilles Saint-Jacques japonaises géantes, dans un décor à la fois luxueux et décontracté. Le restaurant, ouvert uniquement le soir, est faiblement éclairé par des globes blancs des années 1960. (☎852 5465 2000 ; Shop B2, rdc, Tower 1, The Zenith, 3 Wan Chai Rd, Wan Chai ; menu dîner à partir de 700 HK$; ⏲18h-22h30 ; Ⓜ Wan Chai, sortie A3)

Prendre un verre

Botanicals
BAR

16 Plan p. 68, C4

Botanicals attire des buveurs après une journée de travail avec de véritables plantes, un mobilier chic dans une palette de verts, des bières artisanales, des cocktails inventifs aromatisés aux herbes du jardin sur le toit, et une

AARON LIM/SHUTTERSTOCK ©

La célèbre oie grillée de Kam's Roast Goose (p. 73)

cuisine de pub revisitée. Les heures d'ouverture peuvent varier, mieux vaut appeler. (☎852 2866 3444 ; www.thepawn.com.hk ; 62 Johnston Rd, Wan Chai ; 🕒16h-0h30 ; Ⓜ Wan Chai, sortie A3)

Cafe Corridor

CAFÉ

17 Plan p. 68, G3

Niché au fond d'un couloir étroit depuis 15 ans, ce super café, avec une dizaine de places assises, sert du café artisanal Yirgacheffe et des petits-déjeuners à toute heure à des habitués ou des clients venus se réfugier de l'agitation de Times Square. Un éclairage tamisé et un mur décoré en font un lieu intime, où l'on vient pour discuter – pas de Wi-Fi. (☎852 2892 2927 ; 26A Russell St, Causeway Bay ; 🕒8h-22h lun-jeu, 8h-23h ven, 10h-23h sam et dim ; Ⓜ Causeway Bay, sortie A)

Tai Lung Fung

BAR

18 Plan p. 68, D5

Ce bar rétro tire son nom d'une troupe d'opéra cantonais des années 1960. Dans le langage courant, Tai Lung Fung (Grand Dragon Phénix) signifie “beaucoup de bruit”. Le décor est fabuleusement exagéré. Tai Lung Fung attire une clientèle d'artistes qui préfèrent son esthétique funky et son environnement calme à une atmosphère de fête plus conventionnelle. Les cocktails, moins aventureux que la déco, sont la

Fête des Bateaux-Dragons (p. 78)

spécialité. (大龍鳳 ; ☎852 2572 0055 ; 5-9 Hing Wan St, Wan Chai ; ⏲12h-1h lun-jeu, 12h-1h30 ven-sam, *happy hour* 12h-21h ; M Wan Chai, sortie A3)

Elephant Grounds

CAFÉ

19 Plan p. 68, H2

Avec une ambiance décontractée, un personnel jeune et enjoué, un café juste parfait et des adresses à Sheung Wan et Aberdeen, Elephant Grounds est sans doute la nouvelle chaîne de cafés la plus tendance de Hong Kong. La popularité de ses boissons n'est surpassée que par celle de ses épais sandwichs à la crème glacée. Son menu propose également des plats plus originaux que dans la plupart des cafés – les œufs Bénédicte sont servis sous forme de tacos, par exemple. (☎852 2253 1313 ; www.elephantgrounds.com ; Shop C, 42-48 Paterson St, Fashion Walk, Causeway Bay ; M Causeway Bay, sortie D2)

MyHouse

BAR À VINS

20 Plan p. 68, D4

MyHouse réunit vinyles et vins naturels dans un décor euro-chic spacieux. Les meubles sont en bois naturel, des bouteilles de vins illuminées sont suspendues aux côtés de charcuteries, et les clients peuvent choisir un vinyle dans la bibliothèque, le glisser sur des platines individuelles, et se détendre autour d'un verre de Beaujolais bio, ou s'abandonner aux caprices d'un DJ en résidence (analogique, bien sûr). (852 2323 1715 ; www.myhousehk.com ; 26e ét, QRE Plaza, 202 Queen's Rd E, Wan Chai ; 18h-2h mar-mer, 18h-3h jeu-sam, fermé dim ; M Wan Chai, sortie A3)

Stone Nullah Tavern BAR

21 Plan p. 68, D5

Cette taverne américaine propose une carte impressionnante de whiskies et de bourbons américains, des bouteilles du vignoble de Francis Ford Coppola, et des bières californiennes – dans un décor fait de murs carrelés blancs, d'armoires à vins anciennes et d'une tête de cerf mulet empaillée. Des portes-fenêtres donnent sur le secteur pittoresque et historique de Wan Chai. (852 3182 0128 ; www.stonenullahtavern.com ; 69 Stone Nullah Lane, Wan Chai ; 12h-1h ; M Wan Chai, sortie A3)

Ted's Lookout BAR

22 Plan p. 68, C4

Ted's est tendance. La façade en béton arbore des sièges de théâtre inclinables et le nom du bar en lettres lumineuses, tandis que des murs carrelés blancs et des lampes à gaz décorent l'intérieur. L'ambiance est aussi décontractée : les habitants du quartier aiment y prendre une bière, surtout en journée. Les burgers sont bons, mais on peut sentir la friture de la cuisine ouverte. (852 5533 9369 ; Moonful Court, 17A Moon St, Wan Chai ; 17h-23h lun-ven, 12h-23h sam-dim ; M Admiralty, sortie F)

Sortir

Focal Fair CONCERTS

23 Plan p. 68, H3

Enfin une salle de concert indé bien située : Focal Fair se trouve juste à côté de la Hong Kong Central Library. Elle accueille plusieurs concerts par mois et de nombreux musiciens y ont joué, du groupe punk canadien Career Suicide aux artistes locaux Dennis Wong et Eric Chan. Programme sur la page Facebook. (www.facebook.com/

100% hongkongais

Les **Street Music Concert Series** (街頭音樂系列 ; http://hkstreetmusic.com) font référence aux merveilleux concerts extérieurs organisés par l'éclectique musicien Kung Chi-shing, qui ont su captiver les consuls généraux comme les sans-abri, grâce à un équilibre parfait entre sélection rigoureuse et spontanéité pétillante. Les genres sont variés : du rock indé à l'opéra cantonais, du Bluegrass à Bach. Vous trouverez forcément quelque chose que vous aimez, ne serait-ce que l'ambiance.

Des concerts ont lieu dans l'Arts Centre (p. 78) de 17h30 à 20h le 3e samedi de chaque mois, au Comix Home Base (p. 71) de 15h à 16h30 le 4e dimanche, et à la Blue House (p. 70) de 19h30 à 21h le 2e jeudi, avec des événements occasionnels dans d'autres parties de la ville. Plus de détails sur le site Internet.

focalfair ; 28e ét, Park Avenue Tower, 5 Moreton Terrace, Causeway Bay ; M Tin Hau, sortie A1)

Hong Kong Arts Centre

DANSE, THÉÂTRE

24 Plan p. 68, C3

Le Hong Kong Arts Centre (voir 7 Plan p. 70 ; C3), prisé des amateurs de danse, de théâtre et de musique dispose de plusieurs théâtres, d'un cinéma et d'une galerie d'art. (香港藝術中心 ; 852 2582 0200 ; www.hkac.org.hk ; 2 Harbour Rd, Wan Chai ; M Wan Chai, sortie C)

Shopping

Hola Classic

VÊTEMENTS

25 Plan p. 68, H4

Cette petite boutique élégante est connue pour ses costumes, vestes et chemises pour hommes sur mesure, à des prix abordables. Ne vous attendez pas à des tissus impeccables, mais le prix d'un costume commence à 2 280 HK$. Hola fait aussi des richelieus à glands violets, si cela vous tente. La boutique des chaussures est tout près, au 13A Haven St. (852 2870

Comprendre

Festivals hongkongais

L'année hongkongaise est jalonnée de festivals colorés célébrant la culture chinoise, les traditions occidentales, ainsi que les arts et le sport. Notre sélection :

Hong Kong Arts Festival (香港藝術節 ; www.hk.artsfestival.org ; à partir de 150$HK ; fév-mars). Un déchaînement de musique, de théâtre et de danse.

Hong Kong Sevens (www.hksevens.com.hk ; fin mars-début avr). Des équipes de rugby du monde entier se réunissent 3 jours pour des matchs rapides (15 min).

Hong Kong International Film Festival (香港國際電影節 ; www.hkiff.org.hk ; à partir de 45$HK; mars-avr). Le plus important festival asiatique du film.

Art Basel Hong Kong (香港巴塞爾藝術展 ; www.artbasel.com/hong-kong ; 180-850 $HK; mars). La plus grande foire d'art contemporain d'Asie.

Fête des Bateaux-Dragons (香港國際龍舟邀請賽 ; www.hkdba.com.hk ; mai ou juin). Des centaines d'équipes viennent s'affronter dans le Victoria Harbour.

Hong Kong Photo Festival (香港國際攝影節 ; www.hkphotofest.org ; variable). Cette biennale présente les œuvres des meilleurs photographes de Hong Kong.

Clockenflap Outdoor Music Festival (香港音樂及藝術節 ; www.clockenflap.com ; billets 600-1 800 $HK ; nov ou déc). Festival indé en plein air majeur.

0246 ; 11A Caroline Hill Rd, Causeway Bay ; 12h30-21h ; M Causeway Bay, sortie A)

Kapok

VÊTEMENTS ET ACCESSOIRES

26 Plan p. 68, C4

Dans le quartier chic de Star St, Kapok propose des pièces choisies. Admirez la ligne de chemises pour hommes de la griffe locale Kapok et les sacs à main Mischa, très graphiques, de la créatrice hongkongaise Michelle Lai. Succursale à l'angle de la rue, au 3 Sun St, ainsi qu'un rayon dans la librairie Eslite (ci-dessous). (852 2549 9254 ; www.ka-pok.com ; 5 St Francis Yard, Wan Chai ; 11h-20h, 11h-18h dim ; M Admiralty, sortie F)

Yiu Fung Store

ALIMENTATION

27 Plan p. 68, G3

Fondé dans les années 1960, c'est le plus célèbre magasin de Hong Kong pour acheter des légumes chinois marinés et des fruits secs (abricots du Japon, citron à la réglisse, écorce de mandarine, papaye marinée, longane séché, etc.). Bondé juste avant le Nouvel An lunaire. (么鳳 ; 852 2576 2528 ; Shop A, 2 Pak Sha Rd, Causeway Bay ; 11h-22h30 ; M Causeway Bay, sortie A)

Eslite

LIBRAIRIE

28 Plan p. 68, G3

On peut passer une soirée entière dans cette librairie taïwanaise. Immense collection de livres et de magazines en anglais et en chinois, superbes articles de papeterie et carnets en cuir, café, comptoir de *bubble tea* et gigantesque rayon de jouets et livres pour enfants. (誠品 ; 852 3419 6789 ; 8e-10e ét, Hysan Place, 500 Hennessy Rd, Causeway Bay ; 10h-22h dim-jeu, 10h-23h ven-sam ; ; M Causeway Bay, sortie F2)

> 100% hongkongais
>
> **Les marchés de Wan Chai**
>
> Entre Queen's Rd East et Johnston Rd à Wan Chai (plan p. 68, D4) se trouve un vaste marché extérieur. Cross St et Wan Chai Rd sont ponctuées de marchés de produits frais. Vous trouverez des poissons rouges et des sous-vêtements pour personnes âgées sur **Tai Yuen St**, mais la rue est plus connue pour ses magasins de jouets traditionnels. Spring Garden Lane et Wan Chai Rd sont de véritables cavernes d'Ali Baba où vous trouverez de tout, des épices aux gadgets électroniques.

Tai Yuen Street Toy Shops

JOUETS

29 Plan p. 68, D4

Tai Yuen St est surnommée la "rue du jouet" en raison des quelques magasins qui vendent tous les jouets, jeux et babioles dont votre enfant pourrait rêver – sans parler des accessoires de fête. La qualité n'est pas la meilleure, mais les prix sont bon marché et le choix impressionnant. Certains ont aussi en stock des jouets mécaniques en métal de collection, sous verre. Apportez un sac. (太原街玩具店 ; 14-19 Tai Yuen St, Wan Chai ; 10h-19h30 ; M Wan Chai, sortie A3)

Clockenflap Outdoor Music Festival (p. 78)

Wan Chai Computer Centre

ÉLECTRONIQUE

30 Plan p. 68, D4

Ce dédale de minuscules boutiques rutilantes est un paradis pour les geeks. (灣仔電腦城 ; 130-138 Hennessy Rd, 1er ét, Southorn Centre, 130-138 Hennessy Rd, Wan Chai ; 10h-21h lun-sam, 12h-20h dim ; M Wan Chai, sortie B2)

Fashion Walk

VÊTEMENTS

31 Plan p. 69, H3

Cette Mecque du shopping de mode s'étend sur quatre rues dans Causeway Bay – Paterson, Cleveland, Great George et Kingston. Vous y trouverez des grands noms tels que Paul Smith, Comme des Garçons et Kiehl's, mais aussi des marques locales montantes et des boutiques grand public. (www.fashionwalk.com.hk ; bureau 10h-23h ; M Causeway Bay, sortie D4)

Numb Workshop

VÊTEMENTS

32 Plan p. 69, H4

Une boutique minimaliste où vous trouverez des vêtements androgynes monochromes qui masqueront vos poignées d'amour ou vous donneront des airs de ninja, selon votre style et vos formes. Nous avons aimé les détails du pantalon en sergé noir à fermeture Éclair. (852 2312 7007 ; www.numbworkshop.com ; 25 Haven St, Causeway Bay ; 13h-22h ; M Causeway Bay, sortie A)

Comprendre

La pollution à Hong Kong

La qualité de l'air

Principal problème environnemental de Hong Kong, la pollution de l'air est responsable de plus de 2 000 décès prématurés par an. C'est un sujet politique et économique majeur. Sous la pression croissante de l'opinion publique, le gouvernement a dû prendre des mesures ces dernières années pour contrôler les émissions des véhicules et des centrales électriques, principales sources de la pollution atmosphérique. Selon les statistiques gouvernementales, les principales émissions de polluants atmosphériques se sont réduites. Nombre de voyageurs trouveront sans doute qu'il est difficile de respirer dans les zones très encombrées, comme Causeway Bay et Mong Kok, où la qualité de l'air dépasse souvent la limite de sécurité fixée par l'Organisation Mondiale de la Santé (OMS).

La Région administrative spéciale (RAS) de Hong Kong a créé un indice de qualité de l'air qui alerte le public en cas de pic de pollution pouvant entraîner des risques pour la santé, accessible via un site Internet (www.aqhi.gov.hk/tc.html) et une application mobile.

Les déchets

Trois grosses décharges dans les Nouveaux Territoires absorbent les 15 000 tonnes de déchets produites quotidiennement (mais elles arriveront bientôt à saturation). L'espace étant limité, les autorités ont mis en place en 1998 un programme de réduction des déchets, mais les progrès sont lents. Seuls 37% des déchets ménagers sont recyclés.

Pour demain

L'avenir environnemental de Hong Kong dépendra non seulement des efforts réalisés par la municipalité, mais aussi de la réduction ou non de la pollution dans le delta de la rivière des Perles. L'eau la plus polluée de Hong Kong vient de Deep Bay, qu'elle partage avec Shenzhen. La qualité de l'air à Hong Kong se détériore rapidement dès que soufflent les vents du nord. Les autorités de Hong Kong et du Guangdong travaillent de concert pour réduire la pollution au niveau régional. Les progrès ont été lents, et les tensions croissantes entre Hong Kong et la Chine continentale représentent un obstacle à une future collaboration.

Explorer

Île de Hong Kong : Aberdeen et le Sud

Cette partie de l'île de Hong Kong est dédiée aux loisirs sur les plages de Repulse Bay, Deep Water Bay et South Bay, dans ces paradis du shopping que sont le Stanley Market et l'Horizon Plaza, ou encore au fantastique parc d'attractions d'Ocean Park, près d'Aberdeen.

L'essentiel en un jour

Prenez le bus pour Stanley. Explorez le village et ratissez son **marché** (p. 85) à la recherche de cadeaux. Suivez une visite guidée de l'historique **St Stephen's College** (p. 85), si vous avez réservé. Déjeunez à **Smugglers Inn** (p. 91).

Rejoignez Pok Fu Lam. Visitez le splendide ensemble de **Béthanie** (p. 88) et découvrez les anciennes fermes laitières du **Pok Fu Lam Village** (p. 89) et de ses alentours. Dirigez-vous vers le sud jusqu'au célèbre abri antityphon d'Aberdeen. Imprégnez-vous des odeurs du port et du poisson séché le long de la **promenade** (p. 87), avant d'embarquer pour une balade en sampan de 30 minutes (p. 88).

Si vous avez le temps, dénichez des bonnes affaires dans les boutiques de créateurs de l'**Horizon Plaza** (p. 93), à Ap Lei Chau, de l'autre côté de l'abri antityphon. Puis régalez-vous de produits de la mer bon marché à l'**Ap Lei Chau Market Cooked Food Centre** (p. 90).

Pour une journée 100% hongkongaise sur les plages du sud, voir p. 84.

100% hongkongais

Les plages du sud de l'île (p. 84)

Le meilleur du quartier

Sites

Young Master Ales (p. 88)

Restaurants

Aberdeen Fish Market Yee Hope Seafood Restaurant (p. 89)

Ap Lei Chau Market Cooked Food Centre (p. 90)

Verandah (p. 85)

Comment y aller

Bus Pour Stanley, Repulse Bay et Deep Water Bay, ligne n°6A, 6X ou 260 sous Exchange Square (Central) ; ligne n°73 ou 973 depuis Aberdeen.

Bus Pour Aberdeen, ligne n°73 ou 973 depuis Stanley.

Bus Pour Ap Lei Chau, ligne n°90 depuis la gare routière d'Admiralty ou navette fluviale depuis Aberdeen Promenade.

100% hongkongais
Les plages du sud de l'île

Les plages du sud de l'île de Hong Kong sont plaisantes et faciles d'accès. Beaucoup d'entre elles disposent de douches et de vestiaires et, pour la plupart, de points d'intérêt et de restaurants à proximité. L'été, des algues bioluminescentes apparaissent autour de Stanley Bay et de Repulse Bay. Après le coucher du soleil, on y nage au milieu des lucioles.

❶ Deep Water Bay

Commencez à l'ouest par Deep Water Bay (深水灣 ; 🚌6, 6A, 6X, 260), une crique paisible ourlée d'une plage à l'ombre des arbres. Moins célèbre que sa voisine Repulse Bay, elle est aussi moins bondée. Les habitants viennent y profiter des aires aménagées pour les barbecues. En fin d'après-midi, la bonne odeur de viande grillée accompagne parfois les bains de mer.

❷ Repulse Bay

De Deep Water Bay, une promenade panoramique longe la mer sur 2 km jusqu'à Repulse Bay (淺水灣 ; 🚌6, 6A, 6X, 260). Malgré ses eaux troubles, la longue plage de sable doré est presque toujours bondée en été. À l'extrémité sud-est de la plage se dressent des statues de divinités et de représentations diverses aux allures de personnages de dessin animé. De luxueuses résidences ont poussé sur les collines alentour, dont une tour ondulée couleur pastel. L'orifice carré en son centre renvoie à des principes feng shui.

❸ Verandah Restaurant

L'élégant **Verandah** (露台餐廳 ; ☎852 2292 2822 ; www.therepulsebay.com ; 1er ét, 109 Repulse Bay Rd, Repulse Bay ; repas à partir de 600 HK$; ⏲12h-14h30, 15h-17h30 et 19h-22h30 tlj, brunch 11h-14h30 dim ; 🚌6, 6A, 6X, 260) dégage une ambiance coloniale avec son piano à queue, son escalier en marbre et ses ventilateurs en bois au plafond. Le thé est le meilleur de ce côté de l'île de Hong Kong. Réservez.

❹ Middle Bay et South Bay

Ces belles plages s'étirent respectivement à 1 km et 2 km au sud de Repulse Bay. Middle Bay a la faveur des gays et South Bay des expatriés français. Les soirs d'été, on s'y baigne au milieu d'une constellation d'algues qui brillent comme des étoiles dans l'eau.

❺ St Stephen's Beach

Plus propre que Stanley Main Beach, cette plage méconnue (聖士提反灣泳灘 ; 🚌6A, 14) au sud de Stanley offre la possibilité de louer des planches à voile et des kayaks. Prenez le bus jusqu'à Stanley, puis marchez vers le sud le long de Wong Ma Kok Rd. Tournez à droite dans Wong Ma Kok Path et continuez vers le sud. La **plage** se situe après un hangar à bateau.

❻ Stanley Market

Ce **marché** (赤柱市集 ; Stanley Village Rd, Stanley ; ⏲9h-18h ; 🚌6, 6A, 6X ou 260) très animé propose un méli-mélo de vêtements décontractés (dont des grandes tailles et des habits pour enfant), de bibelots, de souvenirs et d'objets d'art à prix corrects, le tout dans un labyrinthe d'allées donnant sur Stanley Bay. N'hésitez pas à marchander, mais ne soyez pas trop agressif. Mieux vaut s'y rendre en semaine, quand le marché ne fourmille pas de touristes et de Hongkongais.

❼ St Stephen's College

Les passionnés de la Seconde Guerre mondiale visiteront le beau campus historique du St Stephen's College (聖士提反書院文物徑 ; ☎852 2813 0360 ; www.ssc.edu.hk/ssctrail/eng ; 22 Tung Tau Wan Rd ; gratuit ; 🚌6, 6A, 6X, 260), juste à côté du cimetière militaire de Stanley, au sud-est du Stanley Market. Fondée en 1903, l'école fut transformée en hôpital militaire d'urgence juste avant l'invasion japonaise de 1941, puis en camp d'internement après la chute de la ville. Le sentier n'est accessible que dans le cadre d'une visite guidée de 2 heures – réservez sur le site Internet.

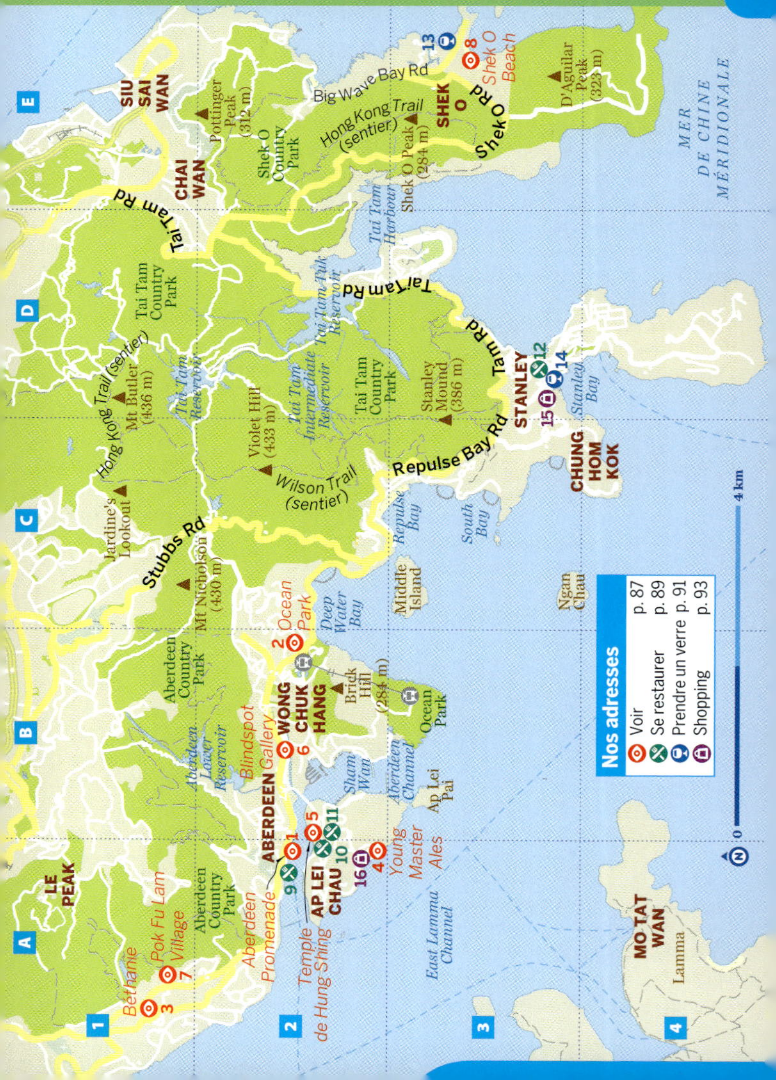
Nos adresses
Voir p. 87
Se restaurer p. 89
Prendre un verre p. 91
Shopping p. 93
A
B
C
D
E
1
2
3
4
0
4 km
LE PEAK
Béthanie 3
Pok Fu Lam Village 7
Aberdeen Country Park
Aberdeen Promenade
Temple de Hung Shing
9
ABERDEEN
1
5
11
10
AP LEI CHAU
16
4 Young Master Ales
East Lamma Channel
Aberdeen Lower Reservoir
Blindspot Gallery
6
WONG CHUK HANG
Sham Wan
Aberdeen Channel
Ap Lei Pai
Brick Hill (284 m)
Ocean Park
2 Ocean Park
Deep Water Bay
Mt Nicholson (430 m)
Stubbs Rd
Jardine's Lookout
Hong Kong Trail (sentier)
Mt Butler (436 m)
Tai Tam Reservoir
Violet Hill (433 m)
Wilson Trail (sentier)
Tai Tam Intermediate Reservoir
Tai Tam Country Park
Stanley Mound (386 m)
Repulse Bay Rd
Repulse Bay
Middle Island
South Bay
Ngan Chau
CHUNG HOM KOK
STANLEY
15
14
12
Stanley Bay
Tam Rd
Tai Tam Rd
Tai Tam Tuk Reservoir
Tai Tam Harbour
Tai Tam Rd
CHAI WAN
SIU SAI WAN
Pottinger Peak (312 m)
Shek O Country Park
Hong Kong Trail (sentier)
Shek O Peak (284 m)
Big Wave Bay Rd
13
8 Shek O Beach
SHEK O
Shek O Rd
D'Aguilar Peak (323 m)
MER DE CHINE MÉRIDIONALE
MO TAT WAN
Lamma

Aberdeen Promenade

Voir

Aberdeen Promenade BORD DE MER

1 Plan p. 86, A2

L'Aberdeen Promenade, bordée d'arbres, s'étend d'ouest en est sur Aberdeen Praya Rd en face d'Ap Lei Chau. À son extrémité ouest se trouve l'**Aberdeen Wholesale Fish Market** (香港仔魚市場), avec ses grandes cuves d'eau de mer pleines de vie aquatique. C'est nauséabond et sale, mais 100% hongkongais. Avant d'arriver au marché, vous passerez devant des bateaux de plaisance amarrés et des navires-usines (ainsi qu'une salle de karaoké ou deux). (香港仔海濱公園 ; Aberdeen Praya Rd, Aberdeen ; gratuit)

Ocean Park PARC D'ATTRACTIONS

2 Plan p. 86, B2

Malgré la concurrence de Disneyland sur l'île de Lantau, certains considèrent Ocean Park comme le meilleur parc à thème de Hong Kong. Il est en constante expansion et de nouveaux manèges apparaissent régulièrement. En outre, ses quatre pandas géants et ses deux adorables pandas roux (une espèce rare) en font une visite incontournable pour les familles. Néanmoins, dans la partie Marine World du parc, les dauphins et les orques sont utilisés pour des spectacles, une pratique nuisible pour les animaux. (海洋公園 ; ☎852 3923 2323 ; www.oceanpark.com.hk ; Ocean Park Rd ; adulte/

enfant 3-11 ans 385/193 HK$; 10h-19h30 ; ; 629 depuis Admiralty, 973 depuis Tsim Sha Tsui, 6A, 6X, 70, 75 depuis Central, 72, 72A, 92 depuis Causeway Bay)

Béthanie

BÂTIMENT HISTORIQUE

3 Plan p. 86, A1

Perchée sur les hauteurs de Pok Fu Lam, une école et une zone résidentielle au nord-ouest d'Aberdeen, cette superbe restauration est le joyau de cette partie de la ville. L'ensemble, qui accueille désormais une école de cinéma, a été construit par la mission française en 1875 en tant que sanatorium pour les prêtres de toute l'Asie venus se reposer et se remettre des maladies tropicales avant de regagner leurs missions. (伯大尼 ; 852 2854 8918 ; www.hkapa.edu/asp/general/general_visitors.asp ; 139 Pok Fu Lam Rd, Pok Fu Lam ; 33 HK$; 11h-18h lun-sam, 12h-18h dim ; 7, 40, 40M, 90B, 91)

100% hongkongais

Circuits en sampan

Un moyen amusant de découvrir une partie de la côte sud. Des bateaux attendent à l'est de l'Aberdeen Promenade. Comptez de 50 à 80 HK$/pers pour une balade d'une demi-heure (environ 130 HK$ jusqu'à Sok Kwu Wan et 160 HK$ jusqu'à Yung Shue Wan sur l'île de Lamma).

Si vous souhaitez simplement visiter le port, vous pouvez prendre le bac jusqu'à l'île d'Ap Lei Chau (adulte/enfant de moins 12 ans 2,20/1,20 HK$) entre 6h et minuit. Ou monter à bord du bateau gratuit qui dessert le **Jumbo Kingdom Floating Restaurant** (珍寶海鮮舫 ; 852 2553 9111 ; www.jumbo.com.hk ; Shum Wan Pier Dr, Wong Chuk Hang ; repas à partir de 200 HK$; 11h-23h30 lun-sam, 9h-23h30 dim ; 90 depuis Central).

La promenade est facilement accessible depuis le terminal des bus d'Aberdeen via un passage piéton souterrain sous Aberdeen Praya Rd.

Young Master Ales

BRASSERIE

4 Plan p. 86, A2

Vous pouvez visiter la brasserie artisanale de Hong Kong les samedis après-midi, mais prévenez par e-mail au préalable. Les autres jours, des dégustations peuvent être organisées. YMA offre une sélection de bières artisanales non filtrées et sans produits chimiques, de légères à plus robustes. Nous avons apprécié l'édition limitée *In the Mood for Spring*, aux saveurs florales. (少爺麥啤 ; www.youngmasterales.com ; Units 407-9, Oceanic Industrial Centre, 2 Lee Lok St, Ap Lei Chau ; 12h-17h sam, ou sur rdv ; 671, 90B)

Temple de Hung Shing

TEMPLE TAOÏSTE

5 Plan p. 86, B2

Rénové à plusieurs reprises depuis sa construction en 1773 par des pêcheurs locaux, le principal temple d'Ap Lei Chau est dédié à Hung Shing, le protecteur des marins. Il se caractérise par une orientation face à la mer, bénéfique selon le feng shui, de belles figurines Shiwan sur le faîtage indiquant son importance, et deux piliers en bois ornés de dragons sur le parvis, censés contrer "l'aura morbide" de l'**Aberdeen Police Station** (舊香港仔警署 ; 852 2873 2244 ; 116 Aberdeen Main Rd, Aberdeen ; 10h-22h mar, jeu et ven, 10h-18h lun, mer et sam ; 27) sur la rive opposée. (洪聖古廟 ; Hung Shing St, Ap Lei Chau ; 8h-17h ; Ap Lei Chau)

Blindspot Gallery GALERIE

6 Plan p. 86, B2

Nommée ainsi par le propriétaire qui considérait que la photographie contemporaine ne recevait pas l'attention qu'elle méritait à Hong Kong, la "galerie de l'angle mort" expose les œuvres de photographes et d'artistes de Hong Kong et d'Asie, dont Stanley Wong, Ken Kitano et Maleonn. L'un des meilleurs endroits pour vous familiariser avec la photographie de la région. (刺點畫廊 ; 852 2517 6238 ; www.blindspotgallery.com ; 15e ét, Po Chai Industrial Bldg, 28 Wong Chuk Hang Rd, Aberdeen ; 10h–18h mar-sam, sur rdv uniquement dim et lun ; 70, 90, 590, 72, 42, 38)

Pok Fu Lam Village VILLAGE

7 Plan p. 86, A1

Accroché à flanc de colline, le paisible Pok Fu Lam Village est un ensemble de cabanes et d'abris de fortune contrastant fortement avec les immeubles denses de la classe moyenne, à l'arrière-plan. Même s'il n'a rien de stupéfiant, il est apprécié des historiens pour sa célèbre danse du dragon de feu de la fête de la Mi-automne, mais aussi pour ses liens avec l'industrie laitière de Hong Kong. Ne manquez pas l'ensemble de Béthanie et la pagode de Li Ling. Comme les sites sont dispersés, le meilleur moyen de les découvrir est de participer à une visite guidée à pied. (薄扶林村 ; 852 6199 9473 ; www.pokfulamvillage.org ; 7, 40, 40M, 90B, 91)

Shek O Beach PLAGE

8 Plan p. 86, E3

Shek O Beach est une grande étendue de sable bordée d'arbres d'ombrage à l'arrière et dotée de douches, de vestiaires et de casiers à louer. Elle est souvent animée, sauf les jours de typhon, mais la plage décontractée entourée de falaises rocheuses est agréable. (石澳 ; 9 depuis la station de MTR de Shau Kei Wan, sortie A3)

Se restaurer

Aberdeen Fish Market Yee Hope Seafood Restaurant CANTONAIS, FRUITS DE MER $$

9 Plan p. 86, A2

Niché dans le seul marché aux poissons en gros de Hong Kong, ce restaurant discret tenu par des pêcheurs est véritablement une adresse à retenir pour déguster des fruits de mer ultra frais. Il n'y a pas de menu, mais dites-leur votre budget et ils vous cuisineront à merveille les meilleurs produits disponibles, y compris ceux que l'on ne trouve habituellement pas dans les restaurants. (香港仔魚市場二合海鮮餐廳 ; ☎852 5167 1819, 852 2177 7872 ; 102 Shek Pai Wan Rd, Aberdeen ; repas à partir de 350 HK$; ⏲4h-16h ; 🚌107)

Ap Lei Chau Market Cooked Food Centre DAI PAI DONG $

10 Plan p. 86, A2

Au-dessus d'un marché intérieur, des *dai pai dong* (stands de nourriture) servent une cuisine excellente dans une salle spacieuse jonchée de tables pliantes et de chaises en plastique. **Pak Kee** (栢記 ; ☎ 2555 2984 ; 1er ét, Ap Lei Chau Municipal Services Bldg, 8 Hung Shing St, Ap Lei Chau ; dîner de fruits de mer à partir de 160 HK$; ⏲18h-24h ; 🚌minibus 36X depuis Lee Garden Rd, Causeway Bay) et **Chu Kee** (珠記 ; ☎852 2555 2052 ; 1er ét, Ap Lei Chau Municipal Services Bldg, 8 Hung Shing St, Ap Lei Chau ; dîner de fruits de mer à partir de 160 HK$; ⏲18h-24h ; 🚌minibus 36X depuis Lee Garden Rd, Causeway Bay) concoctent des plats de fruits de mer simples mais savoureux. Possibilité d'acheter du poisson au marché et de se le faire cuisiner. Bondé et bruyant le week-end. (鴨利洲市政大廈 ; 1er ét, Ap Lei Chau Municipal Services Bldg, 8 Hung Shing St, Ap Lei Chau ; plats 45-70 HK$; 🚌minibus 36X depuis Lee Garden Rd, Causeway Bay)

100% hongkongais

Visite de la ferme laitière

C'est à Pok Fu Lam que Dairy Farm (plan p. 86, A1), la première laiterie de Hong Kong, a été implantée en 1886 pour fournir la ville en lait frais. Offrant du travail aux habitants de Pok Fu Lam Village (p. 89), nombre de ses structures, comme les dortoirs et les étables, sont toujours visibles. L'ONG Pok Fu Lam Village organise des visites de la région en cantonais pour 1 500 HK$/groupe, avec un supplément de 300 HK$ pour un interprète. Il faut réserver un mois à l'avance, depuis leur page Facebook.

Hoi Kwong Seafood Restaurant CANTONAIS, FRUITS DE MER $

11 Plan p. 86, B2

Ce petit restaurant, avec ses aquariums et boîtes remplis de vie aquatique, propose plus d'une centaine de plats, la moitié à base de poissons et fruits de mer. Ne cuisinant pas de variétés chères ou exotiques, leurs prix restent bon marché, mais tout est toujours frais et local. Réservation obligatoire. Préparez-vous à côtoyer de près la table d'à côté. (海港食家 ; ☎852 2552 6463 ; 71 Ap Lei Chau Main St, Ap Lei Chau ; plats 40-220 HK$; ⏲11h30-14h30 et 18h-23h30)

Sei Yik CANTONAIS $

12 Plan p. 86, D3

Le week-end, on se bouscule devant ce petit *dai pai dong* (stand) au toit de tôle, juste en face du Stanley Municipal Building, pour son savoureux pain perdu façon Hong Kong, nappé de *kaya* (confiture de lait de coco). Pas d'enseigne en anglais ; repérez la file d'attente et les pyramides de fruits devant l'entrée. (泗益 ; ☎852 2813 0507 ; 2 Stanley Market St, Stanley ; repas à partir de 30 HK$; ⏲6h-19h mer-lun ; 🚌6, 6A, 6X, 66)

Ap Lei Chau Market Cooked Food Centre

Prendre un verre

Ben's Back Beach Bar

BAR

13 Plan p. 86, E3

Ce bar bien caché sur la tranquille Shek O Back Beach sert, sous son auvent rustique, des burgers et des bières fraîches aux habitants et expatriés. Un sanctuaire face à la mer se tient juste à côté de cet ensemble accidenté. Profitez des rythmes reggae et du clapotis des vagues en sirotant un verre. (石澳風帆會 ; ☎852 2809 2268 ; Shek O Back Beach, 273 Shek O Village ; 19h-24h mar-ven, 14h-24h sam-dim ; 9 depuis la station de MTR de Shau Kei Wan, sortie A3)

Smugglers Inn

PUB

14 Plan p. 86, D3

Dans un haut lieu touristique sans cesse renouvelé comme Stanley, quel plaisir de trouver une institution telle que le Smugglers Inn, resté inchangé au fil des années. Vous pouvez toujours y prendre un cocktail *Sex on the Beach* dans ses murs couverts de billets, ou à l'extérieur sur le front de mer, et jouer des bières gratuites aux fléchettes contre d'autres buveurs. Il y a même un juke-box. (☎852 2813 8852 ; rdc, 90A Stanley Main St, Stanley ; 10h-24h lun-jeu, 10h-1h ven-dim ; 6, 6A, 6X ou 260)

Comprendre

Culture de la pêche à Aberdeen

C'est à l'abri antityphon d'Aberdeen que les pêcheurs amarraient les sampans sur lesquels ils vivaient. On peut le voir dans de nombreux films hollywoodiens, dont le second film de *Lara Croft – Tomb Raider*.

Un peuple de l'eau

La majorité des habitants des maisons flottantes étaient des Tanka (蜑家人), un peuple du sud de la Chine qui est arrivé à Hong Kong avant le Xe siècle et qui parle un dialecte similaire au cantonais. Un autre groupe ethnique vivait ici : les Hoklo (鶴佬), qui venaient de Fujian ou de Chiu Chow. Les deux groupes ne se sont pas toujours bien entendus. Les Tanka préfèrent être appelés le "peuple de l'eau" (水上人), "Tanka" étant un terme utilisé par les habitants des terres qui selon eux possède une connotation négative, celle d'être barbare.

Sur les 28 000 Tanka qui vivaient ici en 1961 dans des maisons flottantes, il n'en reste que quelques centaines. Si, dans le film *Lara Croft – Tomb Raider II*, l'héroïne croise des familles entières vivant sur ces bateaux idylliques, vous verrez plutôt des jonques à moteur côtoyant des yachts de luxe.

Les bateaux-dragons

Il reste moins de 2 000 jonques de pêche à Aberdeen. Des emplois mieux rémunérés ont attiré les jeunes pêcheurs sur la terre ferme, loin de leur métier traditionnel. Malgré cela, la majorité se considère encore comme le "peuple de l'eau", une identité qu'ils affichent en grande pompe lors des courses de bateaux-dragons qui ont lieu chaque année sur tout le territoire. En semaine, les équipes s'entraînent le soir à l'abri antityphon.

Hong Kong est le berceau des courses modernes de bateaux-dragons. Le territoire détient le record mondial d'équipes (quelque 400) et de courses (plus d'une vingtaine par an) au mètre carré. Les courses les plus spectaculaires de la saison (de mars à octobre) sont celles des pêcheurs, qui allient à la fois rituels et performances physiques. La **Dragon Boat Association** (www.hkdba.com.hk) vous renseignera sur les manifestations.

LEUNGCHOPAN/SHUTTERSTOCK ©

Abri antityphon d'Aberdeen

Shopping

G.O.D. VÊTEMENTS, ARTICLES POUR LA MAISON

15 Plan p. 86, D3

Cette boutique ultrabranchée propose une interprétation audacieuse de l'iconographie classique de Hong Kong. Vous y trouverez des étuis de téléphone imprimés avec des photos des immeubles de Hong Kong, des luminaires qui ressemblent à ceux des marchés de produits frais traditionnels, et des oreillers aux motifs de carpes koï. Il y a plusieurs boutiques G.O.D. en ville, mais celle-ci est la plus grande. (Goods of Desire ; 852 2673 0071 ; www.god.com.hk ; boutique 105, Stanley Plaza, 22-23 Carmel Rd, Stanley ; 10h30-20h lun-ven, jusqu'à 21h sam ; 6, 6A, 6X, 260)

Horizon Plaza CENTRE COMMERCIAL

16 Plan p. 86, A2

Dans une ancienne usine sur la côte sud d'Ap Lei Chau, ce centre commercial compte 28 niveaux et plus de 150 boutiques. On y trouve surtout des meubles, mais aussi des vêtements Alexander McQueens et des chaussures Jimmy Choos à prix cassés, et des tas d'articles pour enfants, des livres et des jouets aux vêtements et meubles. (新海怡廣場 ; 2 Lee Wing St, Ap Lei Chau, Aberdeen ; 10h-19h ; 90 depuis Exchange Sq à Central)

Explorer

Kowloon : Tsim Sha Tsui

Le quartier animé de Tsim Sha Tsui (TST) – littéralement “pointe de sable acérée” – occupe l’extrémité sud de la péninsule de Kowloon. Réputé pour ses commerces et ses restaurants, il concentre aussi plusieurs musées et salles de spectacle. C’est le secteur le plus cosmopolite de Hong Kong avec sa population mêlant Chinois, Indiens, Philippins, Népalais, Africains et Européens.

L'essentiel en un jour

Passez deux heures au **Museum of History** (p. 99), puis flânez sur la belle **Tsim Sha Tsui East Promenade** (p. 96) jusqu'à l'embarcadère du Star Ferry en vous arrêtant à la **tour-horloge** (p. 97) en chemin. Entre deux sites, laissez-vous tenter par le canard laqué et les nouilles onctueuses de **Spring Deer** (p. 106).

Consacrez un peu de temps au patrimoine architectural unique de Tsim Sha Tsui : le **Former Marine Police Headquarters** (p. 99), l'**ancien temple de Fook Tak** (p. 101), la **mosquée de Kowloon** (p. 102), **St Andrew's Church** (p. 101) et la **Former Kowloon British School** (p. 101). Allez prendre un thé au **Peninsula Hong Kong** (p. 100) ou des samoussas et un *lassi* aux **Chungking Mansions** de l'autre côté de la rue. Puis rendez-vous à **Harbour City** (p. 110) pour un peu de shopping.

Terminez par un dîner au **Chicken HOF & Soju Korean** (p. 105) et quelques-uns des meilleurs cocktails de la ville au **Butler** (p. 108).

Les incontournables

Tsim Sha Tsui East Promenade (p. 96)

Le meilleur du quartier

Restaurants

Woo Cow (p. 108)

Spring Deer (p. 106)

Ye Shanghai (p. 106)

Musées

Hong Kong Museum of History (p. 99)

Hong Kong Museum of Art (p. 97)

June 4th Museum (p. 101)

Comment y aller

M **Metro** Tsim Sha Tsui, sortie E

Les incontournables
Tsim Sha Tsui East Promenade

La vue imprenable sur le Victoria Harbour fait de cette promenade l'une des plus agréables de Hong Kong. Il faut s'y rendre en journée pour prendre des photos, visiter les musées à proximité et observer le va-et-vient des bateaux et des badauds. Le soir, avant d'aller dîner ou de prendre le Star Ferry, revenez pour voir les gratte-ciel dans leur robe de lumière.

Plan p. 98, D4

尖沙嘴東部海濱花園

Salisbury Rd, Tsim Sha Tsui

M Tsim Sha Tsui, sortie E

Avenue of the Stars

Clock tower

Commencez à l'ancienne tour-horloge (p. 25) de la ligne ferroviaire Kowloon-Canton (KCR), près de l'embarcadère du Star Ferry. Cette tour en granit et en brique rouge est un monument de l'ère de la vapeur. Ses aiguilles marquent l'heure depuis le 22 mars 1921 et ne se sont arrêtées que sous l'occupation japonaise.

Museum of Art

L'excellent **musée d'Art de Hong Kong** (香港藝術館 ; ☎852 2721 0116 ; hk.art.museum ; 10 Salisbury Rd, Tsim Sha Tsui ; tarif plein/réduit 10/5 HK$, gratuit mer ; 10h-18h lun-ven, 10h-19h sam-dim ; Star Ferry, M East Tsim Sha Tsui, sortie J) est actuellement fermé pour une grande rénovation. Il réunit dans sept galeries, sur 6 étages, des objets et œuvres d'art de Chine ancienne, des tableaux d'époque, de l'art contemporain local, et des expositions temporaires.

Avenue of the Stars

Passez devant le centre culturel et le musée d'Art et continuez jusqu'à l'avenue des Stars, hommage de la ville au cinéma hongkongais jadis prestigieux. Ne manquez pas la statue en bronze de 2,5 m du maître du kung-fu Bruce Lee. La plupart du secteur est désormais fermé pour rénovation jusqu'à fin 2018. Un escalier et un ascenseur, peu après l'Avenue of the Stars, conduisent au joli Tsim Sha Tsui East Podium Garden et au Middle Road Children's Playground (p. 102).

Symphony of Lights

Tous les soirs à 20h, vous pouvez regarder la Symphony of Lights (bord de mer de Kowloon ; 20h-20h20) depuis la promenade, un spectacle son et lumière kitsch mais typique, où les gratte-ciel de l'île de Hong Kong projettent leurs lumières sur le port, en rythme avec des chansons chinoises classiques.

À savoir

- Vous ne trouverez pas grand-chose à manger sur le bord de mer, donc prenez des forces avant de vous y rendre.
- La section de l'Avenue of Stars de la Tsim Sha Tsui East Promenade, qui s'étend sur 400 m au nord-est le long de la côte, depuis le musée de l'Espace, au 10 Salisbury Rd, est fermée pour travaux jusqu'en 2018.
- Méfiez-vous des escrocs déguisés en moines – les vrais moines ne sollicitent jamais d'argent. Certains essaieront de vous vendre des amulettes bouddhiques ou vous accorderont une "bénédiction" forcée avant de vous harceler pour un don. Si l'un d'eux vous aborde, répondez par un "*no*" ferme et ignorez-le.

Une petite faim ?

- Sirotez un cocktail avec vue au InterContinental Lobby Lounge (p. 109).
- Terminez votre balade par un bon repas indien à Woodlands (p. 108), à East Tsim Sha Tsui.

Nos adresses
Les incontournables p. 96
Voir p. 99
Se restaurer p. 105
Prendre un verre p. 108
Shopping p. 109
A
B
C
D
E
1
2
3
4
Embarcadère des ferries pour la Chine
Cheong Wan Rd
Rosary Church 10
30
Austin Ave
19
5
June 4th Museum
Hong Kong Museum of History 2
Hong Kong Science Museum 14
Science Museum Rd
TSIM SHA TSUI EAST
Salisbury Rd
Granville Rd
Granville Sq
Mody Sq
Mody Rd
Cameron Rd
Chatham Rd South
Centenary Gardens
East Tsim Sha Tsui (terminus du KCR East Rail)
28
Observatory Rd
Granville Cct
36
27
Prat Ave
Hart Ave
Mody Rd
21
11 Signal Hill Garden and Blackhead Point Tower
Middle Road 12 Children's Playground
Tsim Sha Tsui East Promenade
200 m
20
St Andrew's Church 7
Observatory Rd (privée)
Knutsford Tce
Kimberley Rd
Kimberley St
Granville Rd
17
Hau Fook St
Cameron Rd
Carnarvon Rd
Cameron La
Hanoi Rd
35
29
Minden Ave
Minden Row
25
Humphreys Ave
Carnarvon Rd
Middle Rd
32
24
8
Former Kowloon British School
Nathan Rd
Tsim Sha Tsui
Salisbury Rd
Salisbury Gardens
Chinese Garden
TSIM SHA TSUI
Mosquée de Kowloon et centre islamique 9
Haiphong Rd
Lock Rd
34
Hankow Rd
Peking Rd
Peninsula Hong Kong 4
18
Hong Kong Space Museum and Theatre 13
Volière
Kowloon Park 3
Ashley Rd
Ancien temple de Fook Tak 6
26
Kowloon Park Dr
31
Former Marine Police Headquarters 1
Hong Kong Cultural Centre
23
Canton Rd
Canton Rd
HARBOUR CITY
33
22
Water Tours 16
Terminus des bus du Star Ferry
15 Big Bus Company
Embarcadère du Star Ferry
VICTORIA HARBOUR
Ocean Terminal

Des jonques (bateaux de pêche chinois traditionnels) au Hong Kong Museum of History

Voir

Former Marine Police Headquarters

ÉDIFICE HISTORIQUE

1 Plan p. 98, B4

Construit en 1884, ce superbe édifice victorien compte parmi les quatre bâtiments publics les plus anciens de Hong Kong. Il fut utilisé par la police maritime de Hong Kong, sauf durant la Seconde Guerre mondiale, quand la marine japonaise occupa les lieux. Le complexe est désormais un centre commercial nommé Heritage 1881 – le "4" se prononçant en chinois comme "mort", les promoteurs superstitieux ont changé un chiffre. Certains détails d'origine demeurent, comme les écuries, les pigeonniers et un abri antibombe. (前水警總部 ; ☎852 2926 8000, réservation visite 852 2926 1881 ; www.1881heritage.com ; 2A Canton Rd, Tsim Sha Tsui ; gratuit ; 🕙10h-22h ; ⛴Star Ferry, Ⓜ East Tsim Sha Tsui, sortie L6)

Hong Kong Museum of History

MUSÉE

2 Plan p. 98, E1

Ce musée offre une belle occasion de se familiariser avec l'archéologie, l'ethnographie et l'histoire naturelle du territoire. De plus, il permet de comprendre comment Hong Kong présente son histoire et sa culture au reste du monde. La section Hong Kong Story invite les visiteurs à une

EWILDING/SHUTTERSTOCK ©

Arches en bambou du Kowloon Park

déambulation à travers huit galeries, en commençant par l'environnement naturel et le Hong Kong préhistorique (il y a 6 000 ans) et en terminant par la rétrocession du territoire à la Chine en 1997. (香港歷史博物館 ; ☎852 2724 9042 ; http://hk.history.museum ; 100 Chatham Rd South, Tsim Sha Tsui ; tarif plein/réduit 10/5 HK$, gratuit mer ; ⏰10h-18h lun et mer-sam, 10h-19h dim ; 👪 ; Ⓜ Tsim Sha Tsui, sortie B2)

Kowloon Park

PARC

3 👁 Plan p. 98, B2

Aménagé sur le site d'une ancienne caserne destinée aux soldats indiens de l'armée britannique, ce parc est une oasis de verdure et de fraîcheur au beau milieu de l'agitation de Tsim Sha Tsui. Des sentiers et des murets quadrillent les pelouses, des oiseaux virevoltent dans des volières et de vieux banians ponctuent le paysage. Le matin, des personnes âgées pratiquent le tai-chi dans ce cadre serein, et le dimanche après-midi, Kung Fu Corner propose des démonstrations d'arts martiaux. (九龍公園 ; www.lcsd.gov.hk ; Nathan Rd et Austin Rd, Tsim Sha Tsui ; ⏰6h-24h ; 👪 ; Ⓜ Tsim Sha Tsui, sortie C2)

Peninsula Hong Kong

ÉDIFICE HISTORIQUE

4 👁 Plan p. 98, C4

Dans son bâtiment pareil à un trône, le Peninsula (vers 1928) est l'un des plus prestigieux hôtels du monde, dans la lignée du Raffles de Singapour et du Peace (ex-Cathay) de Shanghai. Prendre un *afternoon tea* ici est une fabuleuse expérience – habillez-vous élégamment et armez-vous de patience pour obtenir une table. (香港半島酒店 ; www.peninsula.com ; angle Salisbury Rd et Nathan Rd, Tsim Sha Tsui ; M East Tsim Sha Tsui, sortie L3)

June 4th Museum

MUSÉE

5 Plan p. 98, D1

C'est la première collection permanente du monde consacrée aux manifestations prodémocratiques de 1989 sur la place Tian'anmen de Pékin. Dans cet espace de seulement 75 m² sont conservés des objets, des photographies, des livres et des microfilms en lien avec le drame, notamment des cartouches de balles qui auraient été tirées par l'Armée de libération du peuple (APL) et des T-shirts dédicacés par des leaders étudiants de Pékin, dont Wang Dan. Une réplique de la déesse de la Démocratie construite par les étudiants se dresse au milieu du musée. (六四紀念館 ; 2782 6111 ; 852 2782 6111 ; http://64museum.blogspot.hk ; 5e ét, Foo Hoo Centre, 3 Austin Ave, Tsim Sha Tsui ; tarif plein/réduit 20/10 HK$; 10h-18h lun, mer-ven, 10h-19h sam-dim ; M Jordan, sortie D)

Ancien temple de Fook Tak

TEMPLE BOUDDHISTE

6 Plan p. 98, B3

Ce petit temple coiffé d'un toit en étain est l'unique sanctuaire de Tsim Sha Tsui. On sait peu de chose sur son histoire hormis qu'il fut construit sous les Qing et rénové en 1900. Avant la Seconde Guerre mondiale, les coolies de Kowloon Wharf – devenu l'Ocean Terminal – venaient y vénérer le dieu de la Terre. Aujourd'hui, des octogénaires y offrent de l'encens pour leur longévité (la spécialité du temple). (福德古廟 ; 30 Haiphong Rd, Tsim Sha Tsui ; 6h-20h ; M Tsim Sha Tsui, sortie C2)

St Andrew's Church

ÉGLISE

7 Plan p. 98, C1

Sis sur un monticule à côté de l'ancienne École britannique de Kowloon, un ravissant édifice de style gothique anglais, en granit et en brique rouge, accueille la doyenne des églises protestantes du quartier. Construite en 1905 pour les besoins de la population protestante de Kowloon, elle fut transformée en sanctuaire shinto sous l'occupation japonaise. À côté, l'ancien presbytère est doté de beaux balcons à colonnades (vers 1909). L'accès se fait par le côté est de Nathan Rd, via des escaliers ou une rampe. (聖安德烈堂; 852 2367 1478 ; www.standrews.org.hk ; 138 Nathan Rd, Tsim Sha Tsui ; 7h30-22h30, église 8h30-17h30 ; M Tsim Sha Tsui, sortie B1)

Former Kowloon British School

ÉDIFICE HISTORIQUE

8 Plan p. 98, C1

Premier établissement ouvert pour les écoliers expatriés en 1902, l'ancienne École britannique de Kowloon occupe un édifice victorien classé, aujourd'hui reconverti en **Bureau des antiquités et des monuments** (古物古蹟辦事

處). Des modifications dotèrent par la suite l'école de vérandas et de plafonds hauts, probablement pour améliorer le confort de ses jeunes occupants. (前九龍英童學校 ; www.amo.gov.hk ; 136 Nathan Rd, Tsim Sha Tsui ; M Tsim Sha Tsui, sortie B1)

Mosquée de Kowloon et centre islamique

MOSQUÉE

9 Plan p. 98, C2

La plus grande mosquée de Hong Kong se distingue par sa façade en marbre sculpté et son dôme. Elle est fréquentée par environ 70 000 musulmans, dont plus de la moitié sont chinois, et peut accueillir jusqu'à 3 000 fidèles à la fois. À l'origine, elle fut construite pour des soldats indiens musulmans de l'armée britannique, en garnison à l'emplacement de l'actuel Kowloon Park. Les musulmans peuvent assister au prêche, mais les non-musulmans doivent demander la permission pour entrer. Pensez à ôter vos chaussures. (九龍清真寺 ; 852 2724 0095 ; 105 Nathan Rd, Tsim Sha Tsui ; 5h-22h ; M Tsim Sha Tsui, sortie C2)

Rosary Church

ÉGLISE

10 Plan p. 98, D1

La plus ancienne église catholique de Kowloon fut construite en 1905 grâce au don d'un docteur portugais à Hong Kong, initialement au profit des catholiques d'un bataillon indien stationné à Kowloon, puis pour la communauté catholique locale en plein essor. Elle présente un style gothique classique avec une façade jaune qui rappelle les églises de Macao. (玫瑰堂 ; 852 2368 0980 ; http://rosarychurch.catholic.org.hk ; 125 Chatham Rd S, Tsim Sha Tsui ; 7h30-19h30 ; M Jordan, sortie D)

Signal Hill Garden and Blackhead Point Tower

PARC

11 Plan p. 98, D3

La vue depuis le haut de ce monticule est spectaculaire. Dans les années 1900, les navires dans le port se seraient tournés vers vous – une boule horaire en cuivre était lâchée tous les jours à 13h depuis la belle tour de style édouardien, pour que les marins puissent ajuster leurs chronomètres. Le jardin est perché au-dessus du Middle Road Children's Playground (p. 102). L'entrée se fait sur Minden Row (Mody Rd). (訊號山公園和訊號塔 ; Minden Row, Tsim Sha Tsui ; tour 9h-11h et 16h-18h ; M East Tsim Sha Tsui, sortie K)

Middle Road Children's Playground

PARC

12 Plan p. 98, D4

Accessible par un escalier escarpé partant de Chatham Rd South, ce petit paradis dissimulé au-dessus de la station de MRT East Tsim Sha Tsui dispose d'aires de jeux, d'endroits pour s'asseoir à l'ombre et d'une belle vue sur le front de mer. Si le lieu est calme en semaine, il est pris d'assaut le week-end par des enfants et familles de toutes origines ethniques qui viennent pique-niquer et profiter des toboggans. (中間道兒童遊樂場 ; Middle Rd, Tsim Sha Tsui ; 7h-23h ; ; M East Tsim Sha Tsui, sortie K)

St Andrew's Church (p. 101)

Hong Kong Space Museum and Theatre

MUSÉE

13 Plan p. 98, C4

Ce bâtiment en forme de balle de golf sur le front de mer abrite deux salles d'exposition et un planétarium avec grand écran au plafond. Le musée est un peu daté, mais les films Omnimax, le parapente virtuel et le simulateur de la surface de la lune procurent une fascination intemporelle à un public de tous âges. La boutique du musée vend des glaces déshydratées "d'astronaute". (香港太空館 ; 852 2721 0226 ; www.lcsd.gov.hk ; 10 Salisbury Rd, Tsim Sha Tsui ; tarif plein/réduit 10/5 HK$, spectacle 24/12 HK$, gratuit mer ; 13h-21h lun et mer-ven, 10h-21h sam-dim ; ; M East Tsim Sha Tsui, sortie J)

Hong Kong Science Museum

MUSÉE

14 Plan p. 98, E1

Illustrant le fonctionnement fondamental de la technologie à l'aide de démonstrations pratiques des lois de l'énergie, de la physique et de la chimie, le musée des Sciences de Hong Kong procure une expérience interactive capable de divertir les tout petits comme les plus grands. (香港科學館 ; 852 2732 3232 ; http://hk.science.museum ; 2 Science Museum Rd, Tsim Sha Tsui ; tarif plein/réduit 25/12,50 HK$, gratuit mer ; 10h-19h lun-mer et ven, 10h-21h sam-dim ; ; M Tsim Sha Tsui, sortie B2)

Visite du port à bord d'une jonque traditionnelle

Big Bus Company

BUS

15 Plan p. 98, B4

Un bon moyen de vous repérer en ville est de monter à bord des bus à impériale découverts avec arrêts à volonté. Trois circuits sont disponibles : la ligne Kowloon longe une grande partie du bord de mer de Tsim Sha Tsui et de Hung Hom ; la ligne Hong Kong Island explore Central, Admiralty, Wan Chai et Causeway Bay ; et la ligne Green passe par Stanley Market et Aberdeen. (852 3102 9021 ; www.bigbustours.com ; Unit KP-38, 1er ét, Star Ferry Pier, Tsim Sha Tsui ; adulte/enfant à partir de 450/400 HK$; 9h-18h)

Water Tours

BATEAU

16 Plan p. 98, B4

Propose six circuits organisés différents dans le port à bord de bateaux de style jonques, ainsi que des croisières avec dîner et cocktail. Les prix vont de 260 HK$ (170 HK$ enfants de 2 à 12 ans) pour la croisière Morning Harbour, à 350 HK$ (260 HK$ enfant) pour la croisière Symphony of Lights et 900 HK$ (700 HK$ enfant) pour la croisière Aberdeen Dinner. (852 2926 3868 ; www.watertours.com.hk ; 6e ét Carnarvon Plaza, 20 Carnarvon Rd, Tsim Sha Tsui)

Se restaurer

Yum Cha

DIM SUM **$**

17 Plan p. 98, D2

Des raviolis et des petits pains adorables en forme d'animaux, qui ne demandent qu'à être postés sur Instagram. Yum Cha est l'un des derniers venus sur la scène des *dim sum* à Hong Kong. Les pains à la viande de porc grillée sont ornés de petites têtes de cochons, ceux à la crème d'œufs anthropomorphes, et les feuilletés à l'ananas en forme d'oiseaux sont servis dans des cages. Il y a aussi un menu complet de spécialités cantonaises revisitées. (飲茶 ; 852 2751 1666 ; http://yumchahk.com ; 3/F 20-22 Granville Rd, Tsim Sha Tsui ; repas 100-250 HK$; 11h30-15h et 18h-23h ; M Tsim Sha Tsui, sortie B2)

Gaddi's

FRANÇAIS **$$$**

18 Plan p. 98, C4

C'est dans ce restaurant inauguré juste après 1945 que les familles aisées venaient fêter les grandes occasions. Aujourd'hui, la décoration classique peut sembler un tantinet guindée et l'orchestre philippin superflu, mais la cuisine française traditionnelle mâtinée de modernité reste une référence en ville. (852 2696 6763 ; www.peninsula.com ; 1er ét, The Peninsula, 19-21 Salisbury Rd, Tsim Sha Tsui ; menu déj/dîner 500/2 000 HK$; 12h-14h30 et 19h-22h30 ; M Tsim Sha Tsui, sortie E)

Chicken HOF & Soju Korean

CORÉEN **$**

19 Plan p. 98, D1

Ce restaurant aux vitres teintées peut sembler suspect de l'extérieur, mais c'est en réalité un pub gastronomique coréen, dont l'aimable propriétaire accueille chaleureusement les clients quand ils entrent. L'excellent poulet frit, pané dans une pâte légère et croustillante, se décline en cinq versions. Des plats traditionnels comme le barbecue coréen sont aussi disponibles. Si vous devez demander votre chemin, les habitants le surnomment le "Lee Family Chicken". Il y a souvent une longue file d'attente. (李家 ; Chicken ; 852 2375 8080 ; rdc, 84 Kam Kok Mansion, Kimberley Rd, Tsim Sha Tsui ; repas à partir de 150 HK$; 17h-4h ; M Jordan, sortie D)

100% hongkongais

Le Kowloon multicuturel

Kowloon abonde d'enclaves ethniques, notamment à Tsim Sha Tsui, et d'options gastronomiques diverses et intéressantes. Rendez-vous dans les rues autour des Chungking Mansions (p. 110) pour trouver les meilleures épiceries indiennes ; à Kimberley St et Austin Ave pour des supérettes et des restaurants coréens ; dans les rues près du Temple Street Night Market (p. 114) à Yau Ma Tei pour des currys népalais ; et à Kowloon City pour d'authentiques épiceries et restaurants thaïlandais.

Yoga Interactive Vegetarian
VÉGÉTARIEN, ASIATIQUE **$**

20 Plan p. 98, C1

Les plats végétariens asiatiques, cuisinés par un professeur de yoga, comptent parmi les meilleurs de la ville. Mais réservez au moins une semaine à l'avance. Cependant, si vous êtes seul ou à deux, cela peut être plus rapide. Ce restaurant chaleureux se trouve en haut d'un escalier au-dessus du 14e étage. (互動瑜伽素食 ; 852 3422 1195, 852 9327 7275 ; www.yogafitnesshk.com ; 30 Hillwood Rd, 15B Changlin Ct, Tsim Sha Tsui ; repas 200 HK$; 12h-15h et 19h-22h ; ; Jordan, sortie D)

Spring Deer
CHINE DU NORD **$$**

21 Plan p. 98, D3

C'est ici que vous dégusterez le meilleur agneau rôti de Hong Kong, préparé selon une recette authentique du nord de la Chine. Le canard laqué est également très bon. En revanche, le service est parfois aussi froid qu'un hiver à Pékin. Réservation obligatoire. (鹿鳴春飯店 ; 852 2366 4012 ; 1er ét, Tsim Sha Tsui, 42 Mody Rd ; repas 80-500 HK$; 12h-15h et 18h-23h ; East Tsim Sha Tsui, sortie N2)

Yè Shanghai
DIM SUM **$$**

22 Plan p. 98, B4

Le nom signifie "les nuits de Shanghai". Boiseries sombres et lumières tamisées, tout évoque l'ambiance romantique du Shanghai des années 1920. Les plats modernes sont exquis, et les seules infidélités à la région du Jiangnan sont les *dim sum* cantonais servis à midi, également divins. Ce restaurant sophistiqué a été récompensé d'une étoile au Michelin. (夜上海 ; 852 2376 3322 ; www.elite-concepts.com ; 6e ét, Marco Polo Hotel, Harbour City, Canton Rd, Tsim Sha Tsui ; repas 400-800 HK$; 11h30-14h30 et 18h-22h30 ; ; Tsim Sha Tsui, sortie C2)

Din Tai Fung
TAIWANAIS, NOUILLES **$$**

23 Plan p. 98, B3

Raviolis juteux de Shanghai ou nouilles copieuses typiques du Nord : vous trouverez forcément votre bonheur dans cette chaîne taïwanaise. Il y a toujours la queue et la maison ne prend pas les réservations, mais le service est excellent. Parmi les spécialités, essayez le fameux *xiao long bao* (soupe de raviolis), les moelleux petits pains à la vapeur fourrés au porc ou les côtes de porc. (鼎泰豐 ; 852 2730 6928 ; www.dintaifung.com.hk ; boutique 130, 3e ét, Silvercord, 30 Canton Rd, Tsim Sha Tsui ; repas 120-300 HK$; 11h30-22h30 ; ; Tsim Sha Tsui, sortie C1)

Hing Kee Restaurant
CANTONAIS **$$**

24 Plan p. 98, C1

Ce célèbre restaurant est tenu par une fille de pêcheur, réputée pour ses plats succulents, mitonnés de la même façon qu'ils l'étaient sur les sampans. La spécialité : le crabe baignant dans l'ail frit, un délice absolu. Assurez-vous de connaître les prix avant de commander. (避風塘興記 ; 852 2722 0022 ; 1er ét, Bowa House, 180 Nathan Rd, Tsim Sha Tsui ; repas 380-1 200 HK$; 18h-5h ; Jordan, sortie D)

Les *cha siu bao*, spécialité de Hong Kong

Mammy Pancake

DESSERTS $

25 Plan p. 98, C2

Ce comptoir sert certaines des meilleures *eggettes* de Hong Kong, ces gaufres en forme d'œufs adorées des enfants hongkongais comme des adultes. Goûtez-les nature ou parfumées au thé vert, à la châtaigne, à la patate douce ou encore au *rousong*. Ou bien laissez-vous tenter par un sandwich de gaufres dégoulinant de beurre de cacahuète et de lait condensé. Préparez-vous à attendre 15 minutes pour votre friandise. (媽咪雞蛋仔 ; 8-12 Carnarvon Rd, Tsim Sha Tsui ; gaufre 16-28 HK$; 11h30-21h dim-jeu, 11h30-22h30 ven-sam ; M Tsim Sha Tsui, sortie D2)

Tak Fat Beef Balls

NOUILLES $

26 Plan p. 98, B3

Ce célèbre *dai pai dong* (stand de nourriture) est l'un des rares présents sur le Haiphong Rd Temporary Market. Installez-vous à une table dans cette ambiance cacophonique et commandez les nouilles aux boulettes de bœuf, célèbres pour leur moelleux et leur pincée de zeste de mandarine. Le marché se trouve à côté de l'ancien temple de Fook Tak. Aventurez-vous devant les fleuristes et les stands de viande halal pour trouver le *dai pai dong*. (德發牛肉丸 ; Haiphong Rd, Tsim Sha Tsui ; nouilles aux boulettes de bœuf 28 HK$; 9h-20h ; M Tsim Sha Tsui, sortie A1)

Woo Cow

FONDUE $$

27 Plan p. 98, D2

Préparez-vous à un choix cornélien pour composer votre fondue : 200 ingrédients (la plupart frais ou faits maison), 20 sortes de bouillons (de la soupe de palourdes aux concoctions aux herbes originales) et un choix hallucinant de condiments. Sans parler de la sélection de sashimis... Réservation obligatoire. (禾牛薈火煱館 ; Great Beef Hot Pot ; 852 3997 3369 ; 1er et 2e ét, China Insurance Bldg, 48 Cameron Rd, Tsim Sha Tsui ; repas 350-600 HK$; 17h30-2h ; M Tsim Sha Tsui, sortie B3)

Woodlands

INDIEN, VÉGÉTARIEN $

28 Plan p. 98, D3

Situé au-dessus d'un centre commercial, le vénérable Woodlands propose une cuisine indienne végétarienne d'un excellent rapport qualité/prix. Les gourmands indécis choisiront le *thali*, qui comprend un assortiment de 10 petites portions, un dessert et du pain, le tout présenté sur un plateau rond en métal. Excellents *dosa*. (活蘭印度素食 ; 852 2369 3718 ; rdc supérieur, 16 et 17 Wing On Plaza, 62 Mody Rd, Tsim Sha Tsui ; repas 70-180 HK$; 12h-15h30 et 18h30-22h30 ; ; M East Tsim Sha Tsui, sortie P1)

Prendre un verre

Butler

BAR À COCKTAILS

29 Plan p. 98, D3

Ce paradis pour amateurs de cocktails et de whisky se niche dans la partie résidentielle du quartier. On y feuillette des revues sur le scotch en regardant les barmen créer des alchimies magiques avec la perspicacité et la précision d'un mixologue tokyoïte. Mention spéciale aux breuvages à base d'agrumes frais. Une adresse discrète et bienvenue à Tsim Sha Tsui. (852 2724 3828 ; 5e ét, Mody House, 30 Mody Rd, Tsim Sha Tsui ; 200 HK$, en-cas 30 HK$; 18h30-3h lun-ven, 18h30-2h sam-dim ; M East Tsim Sha Tsui, sortie N2)

Amuse

BAR

30 Plan p. 98, D1

Un bar spacieux aux allures de bistrot, fréquenté par les employés de bureau et les étudiants qui apprécient les bières à la pression, les vins corrects et les cocktails originaux. Les meilleures places sont les canapés en cuir à côté d'une rangée de grandes fenêtres. La table commune favorise les rencontres, alors que les banquettes sont parfaites pour un tête-à-tête. (852 2317 1988 ; 4 Austin Ave, Tsim Sha Tsui ; 17h-4h lun-ven, 18h-4h sam, 18h-3h dim ; ; M Jordan, sortie D)

Aqua Spirit

BAR

31 Plan p. 98, B3

À la tombée de la nuit, on comprend pourquoi ce bar ultrabranché mise sur la lumière tamisée et les meubles noirs : aux deux étages, les immenses baies vitrées offrent une vue imprenable sur les gratte-ciel illuminés de l'île de Hong Kong. Les tables près des fenêtres sont idéales

Chungking Mansions (p. 110)

pour un rendez-vous galant. Le week-end, un DJ mixe du hip-hop et du jazz lounge. (☎852 3427 2288 ; www.aqua.com.hk ; 29e et 30e ét, 1 Peking Rd, Tsim Sha Tsui ; ⌚16h-2h, *happy hour* 16h-18h ; wifi ; M Tim Sha Tsui, sortie L5)

Lounge de l'hôtel InterContinental

BAR

32 Plan p. 98, C4

Les immenses baies vitrées et l'emplacement idéal sur le front de mer font de ce bar un lieu d'exception d'où admirer les gratte-ciel de l'île de Hong Kong et le port animé, mais ce privilège a un prix. C'est aussi l'endroit rêvé pour assister au spectacle au laser à 20h. (☎852 2721 1211 ; www.hongkong-ic.intercontinental.com ; Hotel InterContinental Hong Kong, 18 Salisbury Rd, Tsim Sha Tsui ; ⌚7h-00h30 ; wifi ; M East Tsim Sha Tsui, sortie J)

Shopping

Initial

VÊTEMENTS ET ACCESSOIRES

Jolie boutique doublée d'un café (voir 27 Plan p. 98 ; D2), proposant d'élégants vêtements aux influences européennes et japonaises. Les collections de créateurs hongkongais y côtoient sans complexe des chaussures, sacs et bijoux importés. (www.initialfashion.com ; boutique 2, 48 Cameron Rd, Tsim Sha Tsui ; ⌚11h30-23h30 ; M Tsim Sha Tsui, sortie B2)

Harbour City
CENTRE COMMERCIAL

33 Plan p. 98, B3

Ce centre commercial, avec ses 700 boutiques, 50 points de restauration et 5 cinémas, est gigantesque. Quatre zones, enfants, sport, mode, et cosmétique et beauté, regroupent presque toutes les grandes marques. Bondé le week-end. (www.harbourcity.com.hk ; 3-9 Canton Rd, Tsim Sha Tsui ; 10h-22h ; M Tsim Sha Tsui, sortie C1)

100% hongkongais

Le Peninsula du pauvre

Si vous cherchez un hébergement bon marché à Hong Kong, on vous parlera sûrement des Chungking Mansions (CKM). Construit en 1961 sur Nathan Rd, en face du Peninsula (plan p. 98, C3), CKM est un dédale d'habitations, de chambres d'hôtes, de restaurants indiens, de stands de souvenirs et de bureaux de change répartis sur 5 immeubles de 17 étages. Ils accueilleraient environ 4 000 résidents et 10 000 visiteurs par jour, et plus de 120 nationalités différentes chaque année.

Visitez CKM pour vous imprégner de l'atmosphère et faire du shopping – ne manquez pas les épiceries sud-asiatiques, les boutiques indiennes qui vendent de jolis bijoux fantaisie, et les restaurants indiens. Des racoleurs essaieront de vous vendre de tout, des fausses montres à des herbes mystérieuses, ou vous conduire à leur restaurant. Mieux vaut les ignorer.

Note aux amateurs de cinéma : c'est au Mirador Mansion, tout près, – et non aux Chungking Mansions – que Wong Kar-wai a filmé une grande partie de *Chungking Express* (1994).

Swindon Books
LIVRES

34 Plan p. 98, C3

Avec une excellente sélection et un personnel compétent, c'est l'une des meilleures librairies hongkongaises. Bon choix de livres locaux et d'histoire. (852 2366 8001 ; www.swindonbooks.com ; 13-15 Lock Rd, Tsim Sha Tsui ; 9h-18h lun-ven, 9h-13h sam ; M Tsim Sha Tsui, sortie A1)

K11 Select
ACCESSOIRES, VÊTEMENTS

35 Plan p. 98, C3

Dans le centre commercial **K11** (18 Hanoi Rd, Tsim Sha Tsui ; M East Tsim Sha Tsui, sortie D2), cette boutique rassemble le meilleur des stylistes hongkongais. Recherchez les vêtements sophistiqués de Daydream Nation, une marque fondée par un frère et une sœur originaires de la ville, et les accessoires unisexes de Kapok. (Shop 101, K11 Mall, 18 Hanoi Rd, Tsim Sha Tsui ; 10h-22h)

Rise Shopping Arcade
VÊTEMENTS

36 Plan p. 98, D2

Cette petite galerie marchande croule sous les vêtements bon marché hongkongais, coréens et japonais, avec aussi quelques marques branchées. Avec un peu de patience et un œil averti, on peut dénicher des pépites. (利時商場 ; 5-11 Granville Circuit, Tsim Sha Tsui ; 15h-21h ; M Tsim Sha Tsui, sortie B2)

Comprendre

Le taoïsme

À Hong Kong, des statues hautes en couleur représentant des divinités inquiétantes gardent les temples taoïstes. Le taoïsme est une religion découlant des racines chamaniques de la civilisation chinoise. Bien que dépourvu du statut de religion d'État, il a prospéré de la dynastie Tang à la dynastie Ming et a influencé l'ensemble de la société chinoise.

À l'inverse des religions évangéliques accordant une place prépondérante à l'évangélisation et à la conversion, le taoïsme répond à des attentes telles que la guérison des maladies, la protection contre les mauvais esprits ou les rites funéraires.

Taoïsme et construction

Encore aujourd'hui à Hong Kong, tout lancement d'un chantier de construction est précédé d'une cérémonie visant à apaiser les divinités de la nature. On dépose des offrandes de fruits et on allume des bâtonnets d'encens devant un autel de fortune. Il en va de même avant le début du tournage d'un film ou l'ouverture d'une boutique : assurer le bonheur des divinités influerait sur la santé, la sécurité et le feng shui, lui aussi inspiré du taoïsme.

Taoïsme et rites mortuaires

À Hong Kong, les funérailles se tiennent souvent sous la houlette de maîtres de cérémonie taoïstes. Plus pittoresques que les cérémonies bouddhistes, elles s'accompagnent du chant continu de textes sacrés au rythme du *muyu* (sorte de tambour à fente en bois) et de rituels précis comme celui consistant à répandre des fleurs sur le sol pour soulager la douleur.

Temples taoïstes

Les deux semaines suivant le Nouvel An chinois, des millions de Hongkongais se recueillent dans les temples taoïstes. Ils sont généralement plus décorés que leurs équivalents bouddhiques et il n'y a pas de moine mais uniquement des maîtres de cérémonie, autorisés à se marier et à avoir des enfants.

Explorer

Kowloon : Yau Ma Tei et Mong Kok

Yau Ma Tei, l'endroit *(tei)* où les pêcheurs imperméabilisaient leurs bateaux avec de l'huile *(yau)* et réparaient les cordes de chanvre *(ma)*, permet de découvrir un aspect plus traditionnel de Hong Kong. Le quartier animé de Mong Kok ("lieu prospère") est envahi de boutiques d'électronique, de vêtements et d'ustensiles de cuisine. Quelques îlots de culture ont cependant vu le jour dans le secteur.

L'essentiel en un jour

Prenez le petit-déjeuner au **Mido Café** (p. 120), à Yau Ma Tei. Une fois restauré, explorez le **temple de Tin Hau** (p. 118) et le **Jade Market** (p. 122). Allez ensuite flâner dans **Shanghai Street** (p. 118) et jeter un coup d'œil à l'intérieur des boutiques traditionnelles. L'ensemble devrait vous prendre environ deux heures.

Déjeunez au **Nathan Congee and Noodle** (p. 120). Dirigez-vous vers le nord en direction de Mong Kok pour visiter le **Lui Seng Chun** (p. 117), splendide bâtiment historique et galerie d'art, et le **C&G Artpartment** (p. 117). Si vous avez le temps, partez en quête de cadeaux et de souvenirs originaux dans les petits centres commerciaux de Mong Kok, comme le **Yue Hwa Chinese Emporium** (p. 123).

Dînez au **Temple Street Night Market** (p. 114), puis rejoignez la **Canton Singing House** (p. 122) pour un divertissement à l'ancienne.

Les incontournables

Temple Street Night Market (p. 114)

Le meilleur du quartier

Shopping

Yue Hwa Chinese Products Emporium (p. 123)

Chan Wah Kee Cutlery (p. 122)

Marchés

Temple Street Night Market (p. 114)

Wholesale Fruit Market (p. 118)

Ladies' Market (p. 122)

Comment y aller

Métro Stations Jordan, Yau Ma Tei et Mong Kok (ligne Tsuen Wan).

Bus Lignes n°2, 6, 6A et 9.

Les incontournables
Temple Street Night Market

Le marché de nuit le plus animé de Hong Kong s'étire dans Temple Street entre Man Ming Lane et Nanking Street, séparé en deux par le temple de Tin Hau. On y vient pour l'ambiance grisante, pour les bonnes odeurs et saveurs des stands de nourriture, ou encore pour faire des emplettes, se faire prédire son destin et assister, à l'occasion, à un spectacle d'opéra cantonais.

Shopping

Si plus au nord, Kowloon offre de meilleures possibilités, le marché de nuit de Temple Street

Plan p. 116, B4

廟街夜市

Temple St, Yau Ma Tei

18h-23h

M Yau Ma Tei, sortie C

a un côté plus ludique. Vêtements bon marché, montres, chaussures, ustensiles de cuisine et objets du quotidien envahissent les étals.

Cuisine de rue

Dans Woo Sung Street, une rue parallèle à Temple Street sur la droite, ou dans la partie du marché au nord du temple, on peut se rassasier pour 30 à 300 HK$ aussi bien d'un bol de nouilles que d'une omelette aux huîtres à la mode de Chiu Chow (Chaozhou). Le quartier compte aussi un certain nombre de restaurants de fruits de mer et de fondues.

Diseurs de bonne aventure

Chaque soir, une myriade de devins installent leur stand au milieu du marché. En lisant les lignes du visage, de la main ou en fonction de votre date de naissance, ils vous prédiront l'avenir (consultations à partir de 100 HK$). La plupart parlent anglais et certains font même tirer les cartes à des oiseaux tout spécialement entraînés.

Sing-along parlours de Temple Street

Parmi les hauts lieux de Yau Ma Tei figurent les *sing-along parlours* (歌廳), sortes de cabarets-karaokés à l'ancienne. Nés il y a 20 ans, ils accueillaient à l'origine les chanteurs de rue par temps de pluie.

La plupart sont sommairement équipés – quelques tables, une scène et des décorations de Noël. Chaque *sing-along* a son propre organiste et ses propres chanteuses indépendantes – lesquelles vous encouragent à faire une dédicace ou à chanter avec elles moyennant une petite contribution. Leur répertoire va de l'extrait d'opéra chinois aux classiques anglo-saxons.

Vous y croiserez de nombreux habitués – des personnages un peu fous du voisinage aux hommes plus âgés qui boivent du whisky dans des flasques et connaissent toutes les dames...

À savoir

- Alors que la majorité des vendeurs n'affichent pas de prix sur leurs produits, certains le font. Utilisez-les pour vous faire une idée d'un prix à peu près raisonnable sur lequel vous baser avant de marchander à d'autres stands.
- Ne résistez pas aux vendeurs qui essaient de vous attirer vers leur stand de fruits de mer, ils sont tous plus ou moins semblables.
- L'ambiance bat son plein de 19h à 22h.

Une petite faim ?

- Si vous ne dînez pas sur le marché, arrêtez-vous à **Osama Tony** (852 2755 5090 ; 122 Woo Sung St, Jordan ; repas 40-80 HK$; 12h-23h ; M Jordan, sortie A) pour un *xiao long bao* (soupe de raviolis) et des croquettes de radis croustillantes.
- Avant d'aller vous coucher, prenez un en-cas à base de thé au lait et de toasts aux œufs à l'Australia Dairy Company (p. 119).

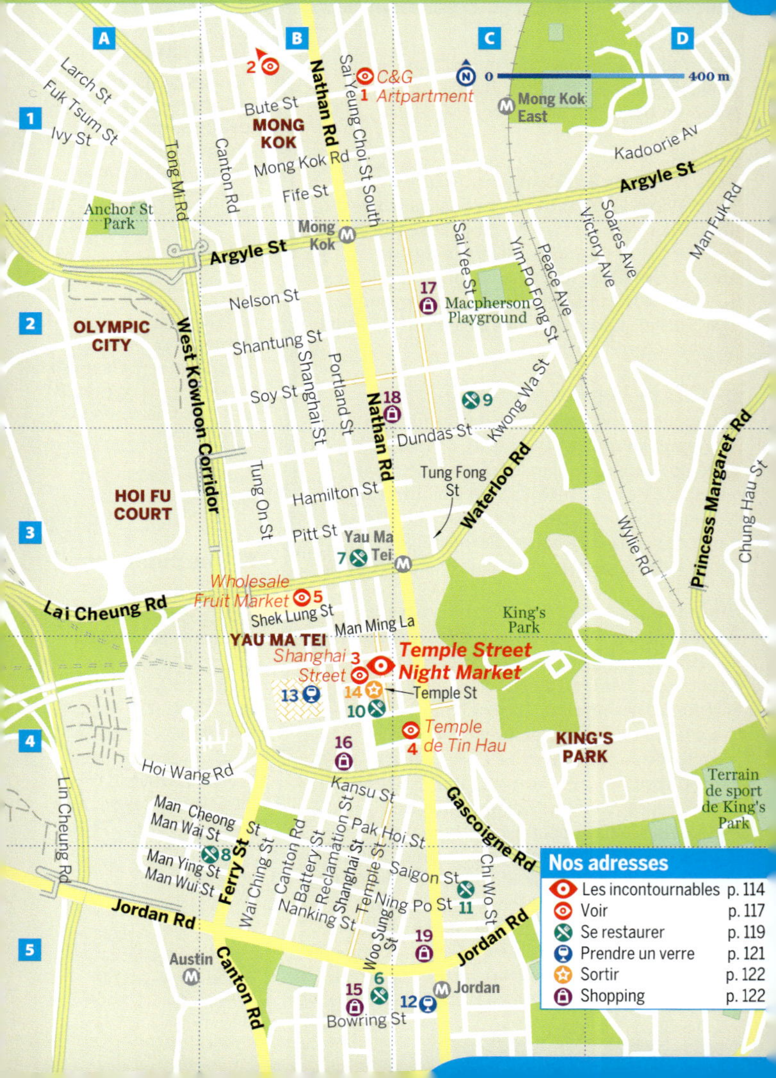
A
B
C
D
1
2
3
4
5
0
400 m
2
C&G
1 Artpartment
Mong Kok East
Larch St
Fuk Tsum St
Ivy St
Bute St
MONG KOK
Nathan Rd
Sai Yeung Choi St South
Tong Mi Rd
Canton Rd
Mong Kok Rd
Fife St
Kadoorie Av
Argyle St
Anchor St Park
Mong Kok
Argyle St
Man Fuk Rd
Soares Ave
Victory Ave
Sai Yee St
Yim Po Fong St
Peace Ave
17
Macpherson Playground
Nelson St
OLYMPIC CITY
West Kowloon Corridor
Shantung St
Shanghai St
Portland St
Soy St
18
9
Kwong Wa St
Dundas St
Nathan Rd
Waterloo Rd
Princess Margaret Rd
Chung Hau St
Tung On St
Hamilton St
Tung Fong St
HOI FU COURT
Pitt St
Yau Ma Tei
7
Wylie Rd
Wholesale Fruit Market
5
Lai Cheung Rd
Shek Lung St
Man Ming La
King's Park
YAU MA TEI
Shanghai Street
3
Temple Street Night Market
13
14
Temple St
10
Temple de Tin Hau
4
16
KING'S PARK
Terrain de sport de King's Park
Hoi Wang Rd
Kansu St
Gascoigne Rd
Lin Cheung Rd
Man Cheong St
Man Wai St
8
Man Ying St
Man Wui St
Ferry St
Wai Ching St
Canton Rd
Battery St
Reclamation St
Shanghai St
Temple St
Pak Hoi St
Saigon St
Ning Po St
11
Chi Wo St
Nanking St
Woo Sung St
Jordan Rd
Jordan Rd
19
Austin
Canton Rd
15
6
12
Jordan
Bowring St
Nos adresses
Les incontournables p. 114
Voir p. 117
Se restaurer p. 119
Prendre un verre p. 121
Sortir p. 122
Shopping p. 122

Lui Seng Chun

Voir

C&G Artpartment

GALERIE D'ART

1 Plan p. 116, B1

Clara et Gum, à l'origine de cet espace avant-gardiste à l'arrière du Pioneer Centre (始創中心), alimentent la scène artistique locale et présentent des créateurs socialement engagés. Ferme tard les soirs de vernissage. Voir site Internet. (☎852 2390 9332 ; www.candg-artpartment.com ; 3e ét, 222 Sai Yeung Choi St S, Mong Kok ; 14h-19h30 jeu-ven et dim-lun, 11h-19h30 sam ; M Prince Edward, sortie B2)

Lui Seng Chun

ÉDIFICE HISTORIQUE

2 Plan p. 116, B1

Cette belle *shophouse* multiniveau est la propriété d'une école de médecine chinoise. Édifiée vers 1931, elle mêle les styles architecturaux chinois et européen – vérandas profondes, balustrades en forme d'urne et autres variantes de la villa italienne néoclassique. Le rez-de-chaussée, qui abrite une boutique de tisanes, est ouvert au public. Sur réservation, des visites guidées gratuites (en cantonais, avec écriteaux en anglais) permettent d'accéder aux cliniques à l'étage. (雷春生堂 ; ☎852 3411 0628 ; scm.hkbu.edu.hk/lsctour ; 119 Lai Chi Kok Rd, angle Tong Mi Rd et Mong Kok ; accès libre ; visite guidée 14h30 et 16h lun-ven, 9h30 et 11h sam ; consultation 9h-13h et 14h-20h lun-sam, 9h-13h dim ; M Prince Edward, sortie C2)

Shanghai Street

RUE

3 Plan p. 116, B4

Une balade dans Shanghai St vous fera remonter le temps. Autrefois l'artère principale de Kowloon, elle est bordée de magasins de robes de mariée chinoises, d'encens au bois de santal et de statuettes de Bouddha, mais aussi de salles de mah-jong et d'une ancienne boutique de prêteur sur gages (à l'angle de Saigon St). La rue est idéale pour dégoter des souvenirs originaux, comme des moules à gâteau de lune en bois aux motifs de poissons, de cochons ou de proverbes porte-bonheur, des paniers à vapeur en bambou, des longues baguettes pour remuer, ou encore des jolis bols en céramique. (上海街 ; Yau Ma Tei ; M Yau Ma Tei, sortie C)

100% hongkongais

Se faire tatouer à Hong Kong

Artiste tatoueur, Nic Tse (美華刺青 ; ☎852 2757 0027, 852 6333 5352 ; kowloonink@gmail.com ; 4e ét, 703 Shanghai St, Mong Kok ; 1 000 HK$/h ; M Prince Edward, sortie C1) a un répertoire impressionnant – motifs contemporains abstraits, extraits de poèmes, tatouages minimalistes, etc. Si vous êtes intéressé, contactez Nic par courriel pour discuter des détails et réserver au plus vite un rendez-vous à son studio (plan p. 116, B1). Paiement en espèces ou via PayPal.

Temple de Tin Hau

TEMPLE

4 Plan p. 116, C4

Construit au XIXe siècle, ce vaste sanctuaire est l'un des plus fameux temples hongkonkais dédiés à la déesse de la Mer. La place juste devant constitue le cœur de Yau Ma Tei. Les pêcheurs y faisaient jadis sécher leurs cordages en chanvre, près des banians à l'ombre desquels les anciens jouent désormais au mah-jong (天后廟 ; ☎852 2385 0759 ; www.ctc.org.hk ; angle Temple St et Public Square St, Yau Ma Tei ; 8h-17h ; M Yau Ma Tei, sortie C)

Wholesale Fruit Market

MARCHÉ

5 Plan p. 116, B3

De 4h à 6h, les allées de ce marché de gros s'animent : des cargaisons de fruits frais passent d'un camion à l'autre, tandis que des travailleurs manœuvrent des piles de caisses dans la pénombre. Classés au patrimoine historique, les bâtiments en brique et en pierre de 1913 ont conservé leurs pancartes d'époque. Traversé par Shek Lung St, le marché est bordé par Ferry St, Waterloo Rd

Temple de Tin Hau

et Reclamation St. (油麻地果欄 ; angle Shek Lung St et Reclamation St, Yau Ma Tei ; 2h-6h ; M Yau Ma Tei, sortie B2)

Se restaurer

Australia Dairy Company CAFÉ $

6 Plan p. 116, B5

Une attente interminable et un service brusque sont habituels dans cette *cha chaan teng* (maison de thé) appréciée de Hong Kong, célèbre pour ses sandwichs aux œufs brouillés, sa soupe aux macaronis et au jambon, et ses entremets au lait. Une expérience à vivre. (澳洲牛奶公司 ; 852 2730 1356 ; 47-49 Parkes St, Jordan ; repas 30-50 HK$; 7h30-23h mer-lun ; M Jordan, sortie C2)

Sun Sin NOUILLES $

7 Plan p. 116, B3

Malgré les lauriers du Michelin, cet expert de la poitrine de bœuf est resté constant sur la qualité et les prix, dans un quartier connu pour ses maisons closes. La viande est servie dans un bouillon aux radis, une épaisse soupe à la tomate, ou en curry. Salle sommaire à l'étage. (新仙清湯腩 ; 852 2332 6872 ; 37 Portland St, Yau Ma Tei ; repas 40-65 HK$; 11h-24h ; M Yau Ma Tei, sortie B2)

BBQ Lobster BARBECUE $

8 Plan p. 116, B5

La plus confortable des trois filiales voisines, ce restaurant animé attire les gros mangeurs de Kowloon avec ses délicieuses brochettes, 30% à 50% moins chères que celles de Soho. Avec ses énormes crevettes fraîches à seulement 17 HK$ et de nombreuses options végétariennes, on vient pour se faire plaisir. Entre deux grillades, rincez votre palais avec une gorgée de Hoegaarden ou autre bière blanche. (龍蝦燒 ; 852 2374 9888 ; 7 Man Ying St, Ferry Point, Yau Ma Tei ; brochettes 12-35 HK$; 17h-3h ; ; M Jordan, sortie A)

Comprendre

Mah-jong et mafia

À Yau Ma Tei, Shanghai St est jalonnée de **salles de mah-jong** (麻雀館).

Dans les années 1950, la popularité de ces dominos chinois se jouant à quatre poussa les Britanniques, pourtant opposés aux jeux d'argent, à autoriser l'ouverture de salles de mah-jong. Sur les 150 répertoriées à la grande époque, il n'en reste que quelques dizaines.

Jadis associées aux triades, la mafia de Hong Kong, ces salles ont souvent été immortalisées dans les films de gangsters hongkongais. Désormais surveillées de près par la police, elles accueillent des joueurs invétérés et sans histoires, quoique bruyants.

Les salles sont repérables aux pancartes "麻雀娛樂" (jeux de mah-jong), l'entrée y est libre, mais les photos interdites.

Good Hope Noodle

NOUILLES $

9 Plan p. 116, C2

Malgré ses 40 ans, cette adresse a conservé sa clientèle et les faveurs du Michelin. Seule différence : nouilles aux œufs al dente, *wonton* calibrés et délicieux *congee* sont aujourd'hui servis dans un cadre moderne. (好旺角麵家 ; 852 2384 6898 ; boutique 5-6, 18 Fa Yuen St, Mong Kok ; repas 30-90 HK$; 11h-0h45 ; M Mong Kok, sortie D3)

Mido Café

CAFÉ $

10 Plan p. 116, B4

Ce *cha chaan tang* (maison de thé) rétro des années 1950 décoré de mosaïque et de treillis métallique épouse un coin de rue qui s'anime à la nuit tombée. Installez-vous à l'étage, près de l'une des nombreuses fenêtres à cadre en fer donnant sur le temple de Tin Hau. Plus que la cuisine et le service, passables, c'est l'ambiance qui fait du Mido la plus fameuse maison de thé de Kowloon. (美都餐室 ; 852 2384 6402 ; 63 Temple St, Yau Ma Tei ; repas 40-90 HK$; 9h-22h ; M Yau Ma Tei, sortie B2)

Nathan Congee and Noodle

NOUILLES $

11 Plan p. 116, C5

Une petite adresse où l'on se régale depuis un demi-siècle de nouilles, de *congee* (soupe ou bouillie de riz), de beignets (à tremper dans le *congee*), de riz gluant enveloppé dans une feuille de bambou et de peau de poisson

LONELY PLANET/GETTY IMAGES ©

Bijoux à vendre au Jade Market

blanchie parsemée de persil et de cacahuètes. (彌敦粥麵家 ; ☎852 2771 4285 ; 11 Saigon St, Yau Ma Tei ; repas 60 HK$; ⏲7h30-23h30 ; Ⓜ Jordan, sortie B2)

Prendre un verre

Boo

BAR

12 Plan p. 116, C5

Avec son karaoké en mode juke-box, ce bar gay discret sur Nathan Rd semble attirer les “nounours” de la communauté homosexuelle locale. DJ tous les samedis à partir de 21h. (☎852 2736 6168 ; 5e ét, Pearl Oriental Tower, 225 Nathan Rd, Jordan ; ⏲19h-2h dim-jeu, 19h-4h ven, 21h-4h sam, *happy hour* 19h-21h ; Ⓜ Jordan, sortie C1)

Kubrick Bookshop Café

CAFÉ

13 Plan p. 116, B4

Le café-librairie spacieux rattaché à la **Broadway Cinematheque** (百老匯電影中心 ; ☎852 2388 3188 ; rdc, Prosperous Gardens, 3 Public Square St, Yau Ma Tei ; Ⓜ Yau Ma Tei, sortie C) sert des cafés corrects et des plats simples à une clientèle éclectique et artiste. En attendant votre boisson, vous pouvez parcourir la bonne collection de livres d'art, de cinéma et d'études culturelles de la boutique. (☎852 2384 8929 ; www.kubrick.com.hk ; Shop H2, Prosperous Garden, 3 Public Square St, Yau Ma Tei ; ⏲11h30-21h30 ; Ⓜ Yau Ma Tei, sortie C)

Sortir

Canton Singing House CONCERTS

14 ✪ Plan p. 116, B4

Ce *sing-along parlour*, le plus ancien et le plus authentique de Hong Kong, évoque un décor de film. Vingt interprètes, accompagnés de leurs fans, sont présents à chaque séance. Les clients laissent un pourboire minimum de 20 HK$ (par personne) quand ils apprécient la chanson. (艷陽天 ; 49-51 Temple St, Yau Ma Tei ; 20 HK$; 15h-19h et 20h-5h ; M Yau Ma Tei, sortie C)

Jyut Wan Go Zo CONCERTS

Ce *sing-along parlour* de longue date (voir 14 ✪ Plan p. 116, B4) est spacieux et un peu vétuste. Pour 50 HK$, vous pouvez faire passer une dédicace aux chanteurs ou chanter avec eux. (粵韻歌座 ; Yuèyùn Gēzuò ; 53-57 Temple St, Yau Ma Tei ; 20 HK$; 15h30-19h30 et 20h-4h ; M Yau Ma Tei, sortie C)

Shopping

Chan Wah Kee Cutlery Store ARTICLES DE LA MAISON

15 Plan p. 116, B5

Dans cette modeste boutique, l'octogénaire Mr Chan, l'un des derniers maîtres rémouleurs d'Asie, utilise neuf meules différentes pour aiguiser chaque lame, en alternant eau et huile. Si vous lui apportez votre couteau à aiguiser, comptez entre 100 et 600 HK$ et trois mois d'attente. Mais si vous lui en achetez un – il a une bonne sélection –, il vous l'aiguisera immédiatement. (陳華記刀莊 ; 852 2730 4091 ; 278D Temple St, Yau Ma Tei ; 11h-18h jeu-mar ; M Jordan, sortie C2)

Shanghai Street MARCHÉ

Flânez dans le quartier culinaire de Kowloon (voir 3 Plan p. 116, B4) pour trouver des souvenirs en rapport avec la cuisine, comme des moules à gâteau de lune en bois, des woks ou encore des théières en céramique. (上海街 ; Yau Ma Tei ; M Yau Ma Tei, sortie C)

Jade Market MARCHÉ

16 Plan p. 116, B4

Ce marché couvert, divisé en deux par Battery St, compte des centaines de stands vendant des jades sous toutes leurs formes. À moins de s'y connaître, mieux vaut s'abstenir d'y acheter des pièces onéreuses. En revanche, vous y trouverez de jolis colliers et bracelets de perles en céramique, ou encore des perles en bois colorées ornées du caractère chinois du double bonheur. (玉器市場 ; Battery St et Kansu St, Yau Ma Tei ; 10h-18h ; M Yau Ma Tei, sortie C)

Ladies's Market MARCHÉ

17 Plan p. 116, C2

Le marché de Tung Choi St regroupe une foule de stands de vêtements et de babioles à petits prix. Les vendeurs s'installent dès midi, mais c'est entre 13h et 18h qu'il y a le plus de choix. Attention, les tailles privilégient la gracile morphologie des Asiatiques.

Comprendre
Hong Kong occulte

Feng shui
Le feng shui (littéralement "vent et eau") vise à équilibrer les éléments de la nature pour créer un environnement harmonieux. Utilisée depuis le XIIe siècle, cette pratique continue à influencer tout ce qui se construit à Hong Kong, des tours aux autoroutes. Pour protéger les lieux des forces du mal (qui avancent plus vite en ligne droite), les portes sont souvent placées dans un angle. Idéalement, les maisons et les commerces doivent avoir vue sur un plan d'eau calme (comme un aquarium).

Divination
À Hong Kong, pour prédire l'avenir, on utilise souvent des *chim*, ces bâtonnets porte-bonheur en bambou que l'on trouve dans les temples. On secoue une boîte de bâtonnets jusqu'à ce qu'il en tombe un tout en pensant à un problème que l'on souhaite voir résoudre. Chaque bâtonnet porte un numéro correspondant à un texte poétique imprimé sur un papier conservé par le gardien du temple à qui l'on remet le bâtonnet pour recevoir le papier. On demande ensuite à un diseur de bonne aventure du temple d'en interpréter le sens poétique.

C'est un endroit formidable pour s'imprégner de l'atmosphère locale. (通菜街, 女人街, Tung Choi Street Market ; Tung Choi St ; 12h-23h30 ; M Mong Kok, sortie D3)

Sino Centre CENTRE COMMERCIAL

18 Plan p. 116, B3

Cette galerie commerçante vétuste, incontournable en matière de cinéma d'animation et de BD asiatique, vous donnera un aperçu de la culture locale. Ses minuscules boutiques renferment des mangas japonais récents et anciens, des figurines, des jeux vidéo désuets et autres pièges pour grands enfants. (信和中心 ; 582-592 Nathan Rd, Mong Kok ; 10h-22h ; M Yau Ma Tei, sortie A2)

Yue Hwa Chinese Products Emporium GRAND MAGASIN

19 Plan p. 116, C5

Ce géant de cinq étages, l'un des derniers grands magasins chinois en ville, vend des foulards en soie, des vêtements pour bébés traditionnels chinois et des pantoufles brodées, des bijoux à prix variés, des baguettes et des céramiques joliment décorées et du matériel de calligraphie, entre autres. Le dernier étage est consacré au thé, et divers vendeurs proposent des dégustations gratuites. L'alimentation est au sous-sol. (裕華國貨 ; 852 3511 2222 ; www.yuehwa.com ; 301-309 Nathan Rd, Jordan ; 10h-22h ; M Jordan, sortie A)

Les incontournables

Le temple de Sik Sik Yuen Wong Tai Sin

Comment y aller

Le temple se trouve en plein cœur de la zone de Wong Tai Sin, au nord de la station de MTR éponyme.

M **MTR** Wong Tai Sin, sortie B2.

Érigé en 1973, ce temple taoïste très fréquenté est tout en toits, en piliers et en charpente ouvragée, le tout agrémenté de ponts, de fleurs et d'encens. Toutes les couches sociales s'y retrouvent, des retraités aux familles, des hommes d'affaires aux jeunes professionnels et étudiants. Certains y viennent pour se marier. Ce temple accueille en effet les cérémonies de mariage taoïstes à Hong Kong.

À ne pas manquer

Wong Tai Sin

L'ensemble est dédié à un guérisseur déifié du nom de Wong Tai Sin, un berger de la province de Zhèjiāng qui aurait transformé des rochers en moutons. Le district tout entier porte son nom – ce qui est ironique pour un ermite. À l'âge de 15 ans, un immortel lui aurait livré le secret d'une potion pour soigner toutes les maladies. Depuis, il est devenu le dieu des malades et des hypocondriaques et le terme "Wong Tai Sin" sert parfois à décrire les personnes très généreuses.

L'autel principal

C'est ici que les cérémonies ont lieu. On peut y voir un portrait du dieu, rapporté de la province du Guangdong en 1915. Derrière l'autel, à droite, les Good Wish Gardens sont ornés de pavillons (la salle hexagonale Unicorn Hall, avec ses portes et ses fenêtres sculptées, est la plus belle), de ponts en zigzag et de bassins à carpes.

Le monastère de Chi Lin

À un arrêt de MTR du temple, ce saisissant **monastère** (志蓮淨苑 ; ☎852 2354 1888 ; www.chilin.org ; 5 Chi Lin Dr, Diamond Hill ; gratuit ; ⌚monastère 9h-16h30, jardin 6h30-19h ; Ⓜ Diamond Hill, sortie C2) bouddhique en bois a été entièrement reconstruit en 1998 dans le style Tang et sans un seul clou.

Le Nan Lian Garden, un jardin de 3,5 hectares relié au monastère, a été conçu dans le style d'un jardin Tang, avec un bassin à carpes koï, des pins des bouddhistes et une pagode.

嗇色園黃大仙祠

☎852 2351 5640, 852 2327 8141

www.siksikyuen.org.hk

2, Chuk Yuen Village, Wong Tai Sin

don 2 HK$

⌚7h-17h30

Ⓜ Wong Tai Sin, sortie B2

À savoir

- Le temple peut facilement être associé à une excursion au **monastère de Chi Lin** (ci-contre).

Une petite faim ?

- Dirigez-vous vers Diamond Hill et déjeunez au **Chi Lin Vegetarian** (志蓮素齋, 龍門樓, Long Men Lou ; ☎852 3658 9388 ; 60 Fung Tak Rd, Nan Lian Garden ; repas à partir de 200 HK$; ⌚12h-21h lun-ven, 11h30-21h sam-dim ; 🖉 ; Ⓜ Diamond Hill, sortie C2).

- Vous pouvez également pousser jusqu'à Kowloon City, à environ 1 km au sud, pour sa délicieuse cuisine thaï.

Les incontournables
Le bouddha de Tian Tan

Comment y aller

Ferry Outlying Islands Terminal, Central Pier 6 jusqu'à Mui Wo, île de Lantau

MTR Tung Chung

Bus Ligne n°2 depuis Mui Wo, ou n°23 depuis Tung Chung

D'une hauteur de 23 m (l'équivalent de 10 étages), le bouddha de Tian Tan, situé sur le plateau de Ngong Ping de l'île de Lantau, est le plus grand bouddha assis en bronze au monde. On peut le voir depuis les airs en arrivant sur Hong Kong, ou depuis Macao par temps clair. Mais rien ne vaut une rencontre intime avec cette icône spirituelle perchée à 500 m d'altitude sur les collines occidentales de Lantau.

"Grand Bouddha"

Dévoilée en 1993, cette gigantesque représentation du Bouddha a été créée par la China Aerospace Science and Technology Corporation, l'entreprise qui conçoit les navettes spatiales chinoises.

Un escalier de 268 marches mène au piédestal, d'où vous pourrez voir la statue de plus près et profiter de la vue sur les environs. Une ascension qui en vaut la peine. Le second niveau du piédestal abrite un petit espace d'exposition de peintures à l'huile et de plaques en céramique sur la vie et les enseignements de Bouddha. La grosse cloche contrôlée par ordinateur sonne 108 fois par jour pour symboliser les 108 épreuves qu'a subies le Bouddha sur Terre avant d'atteindre l'illumination. Les visiteurs sont priés de respecter certaines règles en matière de tenue vestimentaire et de comportement. Il est interdit d'apporter de la viande ou de l'alcool sur le site.

Le jour de l'anniversaire du Bouddha, un jour férié en avril ou en mai, est animé par des milliers de pèlerins venus spécialement pour l'occasion.

Le monastère de Po Lin

Le monastère de Po Lin, un immense complexe bouddhiste construit en 1924, est plus une attraction touristique qu'une retraite religieuse. La majorité des bâtiments que vous verrez en arrivant sont neufs, les plus anciens et les plus sobres étant cachés derrière.

Ngong Ping 360

Moyen le plus spectaculaire d'accéder au plateau, le téléphérique **Ngong Ping 360** (昂平360纜車 ; tarif plein/enfant/réduit aller 130/65/90 HK$, aller-retour 185/95/130 HK$; ⌚10h-18h lun-ven, 9h-18h30 sam, dim et jours fériés) relie les 5,7 km séparant Ngong Ping de Tung Chung en contrebas. Le trajet en télécabine au-dessus de la baie et des montagnes dure 25 minutes.

寶蓮禪寺

☎852 2985 5248

Île de Lantau

⌚9h-18h

À savoir

- Réservez votre billet de téléphérique en ligne pour éviter l'attente.
- Les télécabines à fond de verre valent le supplément de 60 HK$. Et leurs lignes sont plus courtes.
- Si l'attente pour le téléphérique est trop longue, envisagez de prendre le bus à l'aller et le téléphérique au retour.

Une petite faim ?

- Au monastère, le restaurant **Po Lin Vegetarian** (寶蓮禪寺齋堂 ; ☎852 2985 5248 ; Ngong Ping ; menu standard/deluxe 60/100 HK$; ⌚11h30-16h30 ; 🌶) sert une cuisine bouddhique végétarienne.
- À gauche du monastère, un petit magasin vend de très bonnes friandises maison.

Explorer

Excursion à Macao

Surnommé le Las Vegas de l'Orient, Macao, Région administrative spéciale (RAS) de la Chine, a bien plus à offrir que ses casinos. Les temples et les sanctuaires chinois coexistent avec des forts, des églises et des rues évoquant le style de l'ancienne colonie portugaise. Enfin, impossible de faire l'impasse sur la cuisine locale, qui offre un délicieux métissage de saveurs.

L'essentiel en un jour

Consacrez 2 heures à la visite des **ruines de l'Igreja de São Paulo** (p. 130), de son petit musée (p. 131) et du **Museu de Macau** (p. 138) tout proche, à Monte Forte. Puis direction le sud-ouest et le port intérieur par les petites rues. Faites halte à la **Casa do Mandarim** (p. 137) et à la **Capela do Seminario São José** (p. 131), avant de déjeuner au **Clube Militar de Macau** (p. 139).

Regagnez ensuite, au nord, le charmant **quartier de l'Igreja de São Lázaro** (p. 137) avec ses boutiques et ses galeries d'art. À la **Fortaleza da Guia** (p. 136), ne manquez pas la petite mais sublime Capela de Nossa Señora da Guia (p. 136), le phare et la vue panoramique sur la ville. Puis, si le cœur vous en dit, allez visiter le magnifique **temple de Kun Iam** (p. 138), le plus vieux de Macau.

Dînez chez **Antonio** (p. 139), à Taipa. Enfin, regagnez la péninsule de Macao pour prendre un verre en musique au **Macau Soul** (p. 139) ou au Studio City (p.141).

Pour une journée 100% macanaise, voir p. 132.

Les incontournables

Les ruines de l'Igreja de São Paulo (p. 130)

100% macanais

Les îles de Taipa et de Coloane (p. 132)

Le meilleur de la péninsule

Restaurants

Antonio (p. 139)

Clube Militar de Macau (p. 139)

Cafe Nga Tim (p. 133)

Bars

Macau Soul (p. 139)

Single Origin (p. 140)

Comment y aller

Ferry Prenez le TurboJet depuis le Hong Kong-Macau Ferry Terminal ou le China Ferry Terminal. Les deux traversées durent environ 1 heure.

Les incontournables
Les ruines de l'Igreja de São Paulo

Emblème le plus précieux de Macao, les ruines de l'église Saint-Paul consistent en une majestueuse façade décrépite sans rien derrière... Conçue par un jésuite italien et érigée par des chrétiens japonais en exil et des artisans chinois en 1602, cette église jésuite fut ravagée en 1835 par un incendie qui n'épargna que la façade et le grand escalier. Ses statues, portails et sculptures, considérés comme un "sermon dans la pierre", lui valent encore la réputation d'être l'un des plus beaux édifices chrétiens d'Asie.

Plan p. 134, B2

大三巴牌坊 ;
Ruinas da Igreja
de São Paulo

Travessa de São Paulo

À ne pas manquer

Les détails asiatiques

La façade présente quantité d'éléments asiatiques. Par exemple, la Vierge en pleine assomption figure au 3e niveau, en compagnie d'anges et de fleurs – une pivoine, représentant la Chine, et un chrysanthème, symbole du Japon. À sa droite, une sculpture de la femme de l'Apocalypse (Marie), terrassant une hydre à sept têtes ; le kanji japonais se traduit par : "La sainte mère piétine les têtes du dragon." Prenez des jumelles si vous aimez l'histoire.

Le Museu et la crypte

Ce petit **musée d'Art sacré** (天主教藝術博物館和墓室 ; Museu de Arte Sacra e Cripta ; gratuit ; 9h-18h) renferme des statues en bois polychrome, des calices en argent et des peintures à l'huile, dont la copie d'un tableau du XVIIe siècle représentant la crucifixion de chrétiens japonais, à Nagasaki. La crypte attenante abrite des reliques de martyrs chrétiens d'origine asiatique et le tombeau d'Alessandro Valignano, à qui l'on devrait l'enracinement de la chrétienté au Japon.

Les églises à proximité

La **Capela do Seminario São José** (聖若瑟修院及聖堂 ; chapelle du séminaire Saint-Joseph ; Rua do Seminario ; 10h-17h ; 9, 16, 18, 28B) est le plus bel exemple d'architecture baroque "tropicale" à Macao avec son arc festonné européen, sa toiture aux poutres et aux chevrons chinois et la plus ancienne coupole de Chine. Construite au XVIIe siècle dans un style baroque, l'**Igreja de São Domingos** (玫瑰堂 ; église Saint-Dominique ; Largo de São Domingos ; 10h-18h ; 3, 6, 26A), d'un jaune lumineux, abrite un bel autel et une collection d'art religieux.

À savoir

- En sortant de la crypte, dirigez-vous vers le sud-est pour visiter le Museu de Macau (p. 138).
- Ne manquez pas le quartier de l'Igreja de São Lázaro (p. 137), tout proche, qui renferme certains des plus beaux exemples d'architecture de la ville.

Une petite faim ?

- Prenez un cocktail et assistez peut-être à un concert au Macau Soul (p. 139).

100% macanais
Les îles de Taipa et de Coloane

Taipa est née de la jonction de deux îles. Les terres gagnées sur la mer grâce à la vase prélevée dans la rivière des Perles ont aussi permis de relier Taipa à Coloane via la bande de Cotai (contraction des mots Coloane et Taipa). Taipa recèle encore de vieilles boutiques et de charmants bistrots macanais. La petite île de Coloane, ancien repaire de pirates, conserve, elle, un mode de vie encore très traditionnel.

❶ Village de Taipa

Les bus n°22, 26 ou 33 vous conduiront au vieux village de Taipa, au sud. Partie la mieux préservée de l'île, le village compte des boutiques chinoises traditionnelles, quelques excellents restaurants, d'imposantes villas coloniales, des églises et d'anciens temples. Bordée d'arbres et de bancs en fer forgé, l'esplanade de l'Avenida da Praia se prête à la flânerie.

❷ Temple de Pak Tai

Le **temple de Pak Tai** (Rua do Regedor ; 22, 28A, 26) se trouve sur une paisible place entourée d'arbres anciens. Il est dédié à un dieu martial – le dieu taoïste (*Tai*) du Nord (*Pak*) – qui a vaincu le roi démon qui terrorisait l'univers. Deux statues de lions chinois gardent l'entrée du temple. Des spectacles d'opéra cantonais s'y tiennent le troisième jour du troisième mois lunaire.

❸ Casa Museum da Taipa

Plus loin, des villas aux tons pastel, anciennes résidences d'été de la classe moyenne macanaise, ont été aménagées en un **musée** (龍環葡韻住宅式博物館 ; 853 2882 7103 ; Avenida da Praia, Carmo Zone, village de Taipa ; tarif plein/réduit 5/2 MOP, gratuit enfants et seniors, gratuit dim ; 10h-17h30 mar-dim ; 11, 15, 22, 28A, 30, 33, 34) présentant les traditions portugaises, et la vie sur place au début du XXe siècle.

❹ Maisons sur pilotis de Coloane

Prenez le bus n°21A dans l'Estrada Governador Nobre de Carvalho jusqu'à l'arrêt Coloane. Dans la **Rua Dos Navegantes**, au cœur de l'ancien village de pêcheurs, on remarque quelques maisons sur pilotis, qui servaient jadis de jetée aux embarcations privées. Vous apercevrez ces habitations en tôle ondulée colorée à proximité de Largo do Cais, une place voisine de l'ancien embarcadère. De la place, prenez la route qui descend à droite du bâtiment des Servicos de Alfangega et marchez 2 minutes pour rejoindre la carcasse béante d'un chantier naval, également sur pilotis.

❺ Capela de São Francisco Xavier

Principal centre d'intérêt du village, l'atypique **chapelle Saint-François-Xavier** (聖方濟各教堂 ; Rua do Caetano, Largo Eduardo Marques, Coloane ; 10h-20h ; 15, 21A, 25, 26A), édifiée en 1928, abrite des peintures d'une Vierge à l'Enfant chinoise et d'autres témoignages de la chrétienté et du colonialisme en Asie.

❻ Cuisine chinoise-portugaise et tartes aux œufs

Terminez votre promenade par un repas chinois-portugais au **Café Nga Tim** (雅憩花園餐廳 ; Rua do Caetano, village de Coloane ; plats 70-200 MOP ; 12h-1h ; ; 21A, 25, 26A). Plongez-vous dans l'atmosphère conviviale de village et plaisantez avec l'amical propriétaire – un ancien policier joueur de guitare et d'erhu du nom de Feeling Wong. Avant de monter dans le bus pour regagner la péninsule de Macao, achetez quelques *pastéis de nata* (flans pâtissiers servis tièdes) chez **Lord Stow's Bakery** (澳門安德魯餅店 ; 1 Rua da Tassara ; *pastéis de nata* 9 MOP ; 7h-22h jeu-mar, 7h-19h mer).

A
B
C
D
E
1
2
3
4
Av Norte da Amizade
MER DE CHINE MÉRIDIONALE
Lac artificiel
Embarcadère des ferries pour Hong Kong
Fisherman's Wharf
4 Museu de Arte de Macau
Rua dos Pescadores
Cimetière
7 Temple de Kun Iam
Av do Conselheiro Ferreira de Almeida
Colline de Guia
Fortaleza da Guia et Capela de Nossa Señora da Guia
1
Avenida da Amizade
Rua de Luis Gonzaga Gomes
Av do Dr Rodrigo
Rua de Londres
Avenida Xian Xing Hai
Rua de Paris
NAPE
Av Dr Sun Yat Sen
Av do Coronel Mesquita
Av Horta e Costa
Jardim Lou Lim Ieoc
Praca do Tap Seac
2
13
Estrada do Cemitério
6 Quartier de l'Igreja de São Lázaro
Avenida de Lisboa
Jardim des Artes
10
14
9 Mercado Almirante Lacerda
Rua da Ribeira do Patane
Rotunda de Carlos da Maia
Jardim Luís de Camões et grotte
8 Museu de Macau
16
Ruines de l'Igreja de São Paulo
12
Travessa de São Paulo
Ponte Governador Nobre de Carvalho
Av de Almeida Ribeiro
Rua Central
3 Leal Senado
Largo de St Agostinho
Avenida Doutor Stanley Ho
Baia da Praia (Lagos de Nam Van)
Av Dr Sun Yat Sen
Rua do Almirante Sérgio
Casa do Mandarim 5
Colline de Penha
Lago Sai Van
Av da República
Port intérieur
Canal Qianshan
Rua da Barra
Rua de São Tiago da Barra

Pont Sai Van
Pont Macao-Taipa
Ponte da Amizade (pont de l'Amitié)
Pak On Bay
Estrada de Pac On
Cimetière
Cimetière chinois unifié
Taipa Pequena (111 m)
TAIPA (centre-ville)
Île de Taipa
Cimetière
Taipa Grande (160 m)
Estrada Lou Lim Ieoc
Avenida de Kwong Tung
Rua de Seng Tou
Avenida Dr Sun Yat Sen
Largo des Bombeiros
VILLAGE DE TAIPA
Champ de courses
Rua do Regedor
17
Carmel Gardens
11
Jardin municipal
Rua Correia da Silva
Estrada da Baia de N.Senhora da Esperanca
15
Nos adresses
Les incontournables p. 130
Voir p. 136
Se restaurer p. 139
Prendre un verre p. 139
Sortir p. 141
Shopping p. 141
0
1 km
A
B
C
D
E
5
6
7
8

Voir

Fortaleza da Guia et Capela de Nossa Señora da Guia FORT, ÉGLISE

1 Plan p. 134, C2

Point culminant de la péninsule, le fort de Guia offre une vue panoramique sur la ville, voire sur les îles et la Chine par beau temps. Au sommet trône la remarquable chapelle de Notre-Dame de Guia, construite en 1622. Elle a conservé presque tous ses attributs d'origine, dont quelques-unes des fresques murales les plus précieuses d'Asie. À côté se dresse le tout premier **phare** de la côte chinoise (1815), une belle structure de 15 m de haut, fermé au public. (東望洋炮台及聖母雪地殿聖堂 ; entrée libre ; fort 6-18h, chapelle 9h-17h30 ; 2, 2A, 6A, 12, 17, 18 arrêt Jardim M. Flora)

Praca do Tap Seac PLACE

2 Plan p. 134, C2

Cette belle place entourée d'importants édifices historiques des années 1920 – bureau des affaires culturelles, centre de santé de Tap Seac, bibliothèque centrale, bibliothèque des archives historiques de Macao, **Galeria Tap Seac** (塔石藝文館 ; www.macauart.net/ts ; 95 Avenida Conselheiro Ferreira de Almeida ; 10h-21h ;) – a été conçue par l'architecte macanais Carlos Marreiros. Ce dernier a également créé le centre de santé de Tap Seac, une interprétation contemporaine des bâtiments néoclassiques de Macao. (塔石廣場 ; 7, 8)

Leal Senado BÂTIMENT HISTORIQUE

3 Plan p. 134, B2

En face de Largo do Senado se trouve le bâtiment historique le plus important de Macao, le "Sénat Loyal", qui abrite l'Instituto para os Assuntos Cívicos e Municipais (IACM ; bureau des affaires civiques et municipales). Le corps qui y siégeait avait refusé de reconnaître la souveraineté de l'Espagne pendant ses 60 années d'occupation du Portugal, d'où son nom. En 1654, une dizaine d'années après que l'indépendance portugaise fut rétablie, le roi Jean IV ordonna de placer une inscription héraldique à l'intérieur du hall d'entrée, que l'on peut voir encore aujourd'hui. (民政總署大樓 ; 853 2857 2233 ; 163 Avenida de Almeida Ribeiro ; 9h-21h mar-dim ; 3, 6, 26A, 18A, 33, arrêt Almeida Ribeiro)

Museu de Arte de Macau MUSÉE

4 Plan p. 134, D3

L'excellent musée d'Art de Macao expose des œuvres produites à Macao et en Chine, dont plusieurs tableaux d'artistes occidentaux tel George Chinnery, ancien résident de l'enclave. Parmi les autres pièces maîtresses figurent des céramiques et des objets en pierre mis au jour à Macao, des œuvres calligraphiques Ming et Qing provenant du Guangdong, des sculptures en céramique de Shiwan (Guangdong) et des sceaux gravés. Le musée met aussi à l'honneur la peinture d'histoire occidentale du XIXe siècle, en provenance de toute

Phare, fort et chapelle de Guia

l'Asie, et l'art macanais contemporain. (澳門 藝術博物館 ; ☎853 8791 9814 ; www.mam.gov.mo ; Centro cultural de Macau, Avenida Xian Xing Hai ; adulte/enfant 5/2 MOP, gratuit le dimanche ; 10h-18h30 mar-dim ; 1A, 8, 12, 23)

Casa do Mandarim ÉDIFICE HISTORIQUE

5 Plan p. 134, A3

Résidence de l'écrivain-marchand Zheng Guanying – qui compta plusieurs empereurs parmi ses lecteurs, mais aussi Sun Yatsen et Mao Zedong –, la maison du Mandarin fut construite en 1869. Le site, riche de plus de 60 pièces, abrite une porte de lune, des cours paisibles, des chambres exquises et une salle principale assortie de portes-fenêtres, le tout aménagé dans le style labyrinthique de certains bâtiments chinois d'époque. (鄭家大屋 ; ☎2896 8820 ; www.wh.mo/mandarinhouse ; 10 Travessa de Antonio da Silva ; gratuit ; 10h-17h30 jeu-mar ; 28B, 18)

Quartier de l'Igreja de São Lázaro QUARTIER

6 Plan p. 134, B2

Ce charmant quartier doté de maisons de style colonial et de rues pavées est l'un des endroits les plus photogéniques de Macao. Créateurs et artistes indépendants proposent régulièrement des stands et des

Caso do Mandarim (p. 137)

manifestations artistiques. (瘋堂斜巷, Calcada da Igreja de São Lázaro ; www.cipa.org.mo ; 🚌7, 8)

Temple de Kun Iam

TEMPLE

7 👁 Plan p. 134, C1

Ce temple, le plus ancien de Macao, fut fondé au XIIIe siècle, mais l'édifice actuel date de 1627. Ses toits sont ornés de figurines en porcelaine, tandis que les salles de prière affichent une décoration somptueuse. Dans la principale figure le portrait de Kun Iam, déesse de la Miséricorde ; la statue de l'arhat (saint bouddhiste) barbu, à gauche de l'autel, représenterait Marco Polo. Le premier traité de commerce et d'amitié entre les États-Unis et la Chine fut signé sur une table en pierre, dans le jardin du temple, en 1844. (觀音廟, Templo de Kun Iam ; 2 Avenida do Coronel Mesquita ; 🕒7h-17h30 ; 🚌1A, 10, 18A, arrêt Travessa de Venceslau de Morais)

Museu de Macau

MUSÉE

8 👁 Plan p. 134, B2

Ce musée, installé dans la forteresse, offre un bel aperçu de l'histoire de Macao. Le 1er niveau illustre l'histoire la plus ancienne de l'enclave et abrite une section fouillée sur les religions de Macao. Parmi les pièces maîtresses du 2e niveau figurent une usine de pétards reconstituée et l'enregistrement en dialecte local d'un texte dit par le poète macanais José dos Santos Ferreira (1919-

1993). Le dernier étage s'intéresse à l'architecture et aux projets d'aménagement urbain récents. (澳門博物館|, Museu de Macau ; ✆853 2835 7911 ; www.macaumuseum.gov.mo ; 112 Praceta do Museu de Macau ; 15 MOP, gratuit le 15 du mois ; ⏲10h-17h30 mar-dim ; 🚌7, 8, arrêt Instituto de accao social)

Mercado Almirante Lacerda

MARCHÉ

9 Plan p. 134 , B1

Conçu par l'architecte macanais Júlio Alberto Basto, ce bâtiment Art déco de trois étages avec une tour-horloge abrite un marché de produits frais animé. On l'appelle également le marché rouge en raison des briques rouges qui ont été utilisées pour sa construction. (紅街市大樓 ; angle Avenida do Almirante Lacerda et Avenida Horta e Costa ; ⏲7h30-19h30 ; 🚌23, 32)

Se restaurer

Clube Militar de Macau

PORTUGAIS **$$**

10 Plan p. 134, B3

Logé dans un bâtiment colonial distingué avec ventilateurs nonchalants au plafond, le "club militaire" vous ramène vers un Macao d'autrefois, plus lent et plus tranquille. Simple et délicieuse, la cuisine portugaise s'accompagne d'un excellent choix de vins et de fromages lusitaniens. Buffet (153 MOP) d'un excellent rapport qualité/prix. Réservation obligatoire le week-end, midi et soir. (陸軍俱樂部 ; ✆853 2871 4000 ; 975 Avenida da Praia Grande ; repas 150-400 MOP ; ⏲13h45-14h30 et 19h-22h30 lun-ven, 12h-14h30 et 19h-22h sam-dim ; 🚌6, 28C)

António

PORTUGAIS **$$$**

11 Plan p. 134, D8

S'il fallait tester un seul restaurant portugais à Macao, ce serait celui-là. Avec sa salle décorée d'acajou, son menu soigneusement pensé et le sympathique António Coelho aux fourneaux, cet établissement est parfait pour savourer une cuisine traditionnelle. La salade de poulpe, la saucisse maison (servie flambée) et le poulet africain sont exceptionnels. (安東尼奧 ; ✆853 2899 9998 ; www.antoniomacau.com ; 7 Rua dos Clerigos, Taipa ; repas 350-1 200 MOP ; ⏲12h-24h ; 🚌22, 26)

Prendre un verre

Macau Soul

BAR

12 Plan p. 134, B2

Dans ce havre élégant tout en bois et vitraux, un groupe de jazz se produit deux fois par mois devant un public nombreux. Le reste du temps, Thelonious Monk assure l'ambiance musicale, tandis que les clients bavardent avec les propriétaires en parcourant la carte des vins, forte de 430 crus portugais. Heures d'ouverture variables ; téléphonez. (澳感廊 ;

GUOZHONGHUA/SHUTTERSTOCK ©

Studio City

(☎853 2836 5182 ; www.macausoul.com ; 31a Rua de São Paulo ; 🕑15h-22h mer et jeu, 15h-24h ven-dim ; 🚌8A, 17, 26)

Single Origin

CAFÉ

13 Plan p. 134, C2

Ce café d'angle spacieux ouvert par Keith Fong, professionnel en la matière, sert un excellent expresso. Chaque jour, vous pouvez choisir parmi une sélection de 10 grains de différentes régions. Si vous n'arrivez pas à vous décider, les serveurs bien renseignés se feront un plaisir de vous aider. (單品 ; ☎853 6698 7475 ; 19 Rua de Abreu Nunes ; café 35 MOP ; 🕑11h30-20h lun-sam, 14h-19h dim ; 📶 ; 🚌2, 4, 7, 7A, 8)

Lung Wah Tea House

CANTONAIS $

14 Plan p. 134, C1

Le mobilier rétro et le style décontracté confèrent une certaine élégance à cette maison de thé cantonaise (construite en 1963). Asseyez-vous à un box près des fenêtres qui donnent sur le marché rouge, où l'établissement s'approvisionne chaque jour. Il n'y a pas de menu en anglais : pointez du doigt et servez-vous. Bonne sélection de thés chinois à la vente. (龍華茶樓 ; ☎853 2857 4456 ; 3 Rua Norte do Mercado Aim-Lacerda ; *dim sum* à partir de 14 MOP, thé 10 MOP, repas 50-180 MOP ; 🕑7h-14h ; 👪 ; 🚌23, 32)

Sortir

Studio City CASINO

15 Plan p. 134, E8

Ce nouveau casino est facilement reconnaissable de loin avec ses deux immenses bobines d'or en forme de 8, une grande roue double qui offre une vue imprenable sur le Cotai Strip. Ce complexe sur le thème de Hollywood est l'un des plus familiaux de Macao : il abrite un parc d'attractions Warner Bros pour les enfants et un simulateur de vol Batman très divertissant (150 MOP). En plus du casino, vous y trouverez un hôtel de 1 600 chambres, un centre commercial, un spectacle de magie et une aire de restauration conçue pour ressembler au vieux Macao. (853 8865 8888 ; www.studiocity-macau.com ; Estrada Flor de Lotus, Cotai ; ; 25, 26A)

Shopping

Livraria Portuguesa LIVRES, CADEAUX

16 Plan p. 134, B2

En plein cœur du quartier historique de Macao, cette librairie de deux étages renferme des livres anglais et portugais, dont certains livres de cuisine macanaise difficiles à trouver. Elle vend également des souvenirs, comme des savons et des parfums portugais importés. Fondée il y a plus de 30 ans, c'est l'une des rares adresses à Macao où l'on peut entendre parler portugais. (853 2851 5915 ; Rua do São Domingos 18 ; 11h-19h ; 3, 4, 6A, 8A, 19, 33)

Cunha Bazaar CADEAUX ET SOUVENIRS

17 Plan p. 134, D8

Cette boutique de quatre étages à l'angle de la rue piétonne Rua do Cunha du village de Taipa est le temple des cadeaux, T-shirts, bonbons, et autres souvenirs faits à Macao. Vous trouverez au rez-de-chaussée des aliments traditionnels comme des biscuits aux amandes et de la viande séchée, tandis que le 1er étage est consacré aux articles à l'image du Soda Panda de Macao, un personnage de dessin animé grincheux qui aime les activités typiques de Macao, comme manger des tartes aux œufs ou jouer à la roulette. Les deux étages restants sont dédiés aux créations de designers locaux : maroquinerie, céramique, carnets et croquis, entre autres. (www.cunhabazaar.com ; Rua do Cunha 33-35, village de Taipa ; 9h30-22h)

Hong Kong
selon ses envies

Les plus belles balades

Envie de...

Visite du port de Hong Kong à bord d'une jonque (p. 159)

Les plus belles balades

Le quartier des grossistes (Sheung Wan)

Itinéraire

Sheung Wan devint un nœud commercial vers 1850. Des hommes d'affaires chinois ayant fui l'agitation de leur pays y ouvrirent des boutiques de fruits de mer séchés, d'herbes et de riz. La majorité des migrants étaient coolies au port. Tai Ping Shan St devint le cœur de la communauté chinoise, avec ses temples et funérariums. C'est à Sheung Wan que Sun Yat-sen, le "père de la Chine moderne", suivit une partie de sa scolarité et tint, plus tard, des meetings révolutionnaires secrets.

Départ Tramway Kennedy Town (arrêt Sutherland St)

Arrivée Ⓜ Sheung Wan, sortie B

Distance 1,9 km ; 1 heure

Une petite faim ?

Mrs Pound (p. 35)

Boutique de fruits de mer séchés au Sheung Wan Market

❶ Fruits de mer déshydratés

Au départ de l'arrêt Sutherland St du tramway Kennedy Town, laissez-vous guider par votre odorat dans Des Voeux Rd West parmi les nombreuses **boutiques de fruits de mer déshydratés**. Des pétoncles, des ormeaux, des concombres de mer, des huîtres, des conques et des vessies de poisson s'y empilent pêle-mêle.

❷ Herboristeries

Continuez vers le sud dans Ko Shing St pour passer en revue les produits d'un autre âge des **herboristeries**. Au bout de la rue, reprenez Des Voeux Rd West vers le nord-est, puis Connaught Rd Central. Vous passerez devant la halle édouardienne du **Western Market**.

❸ Ginseng et nids d'hirondelles

Au coin de Morrison St, descendez vers le sud Wing Lok St et Bonham Strand, toutes deux bordées de boutiques vendant du **ginseng et des nids d'hirondelles**. Ces nids, constitués de mucus de salanganes vivant dans des grottes, entrent notamment dans la composition de soupes sucrées. On leur attribue des propriétés de régénérescence cellulaire.

❹ Temples de Tai Ping Shan

Tournez à droite dans Queen's Rd Central, jalonnée de boutiques vendant des offrandes funéraires en papier, remontez Possession St, puis tournez à droite dans Hollywood Rd et à gauche dans Po Yan St. Sur votre gauche, **Tai Ping Shan Street** abrite trois temples : le **Pak Sing Ancestral Hall** (p. 32) et le **temple de Kwun Yum** à droite, et le **temple de Tai Sui** en face.

❺ Antiquaires

Longez Upper Station St jusqu'aux premiers **antiquaires** de Hollywood Rd au vaste choix de curiosités, copies et quelques rares trésors essentiellement chinois.

❻ Temple de Man Mo

En continuant dans Hollywood Rd, vous arriverez au **temple de Man Mo** (p. 28), l'un des plus anciens de Hong Kong. Il est dédié à Man Cheung, dieu des Fonctionnaires et des Mandarins, et à Kwan Yu, dieu de la Guerre. De là, prenez le bus n°26 ou dirigez-vous vers le port pour rejoindre la station de MTR Sheung Wan sur Des Voeux Rd.

Les plus belles balades

Les rues secrètes de Wan Chai

Itinéraire

Le front de mer de Wan Chai s'arrêtait au tramway de Johnston Rd avant que la conquête de terres sur la mer ne repousse le rivage au nord. Les sanctuaires et les temples du village de pêcheurs autour de Queen's Rd East et Johnston Rd faisaient alors face au large. Après l'arrivée des Britanniques, on construisit des chantiers navals et les Européens de "seconde zone" s'établirent sur les collines au sud de Queen's Rd East. Si Wan Chai est désormais ponctué de gratte-ciel et d'hôtels cinq étoiles, de belles surprises vous attendent au sud du tramway.

Départ Temple de Pak Tai ; M Wan Chai, sortie A3

Arrivée Star St ; M Admiralty, sortie F

Distance 1,2 km ; 2 heures

Une petite faim ?

Stone Nullah Tavern (p. 77)

PSGXXX/SHUTTERSTOCK ©

Blue House (p. 70)

❶ Temple de Pak Tai

À 5 minutes à pied au sud de la station de MTR Wan Chai, après Johnston Rd, le remarquable **temple de Pak Tai** (p. 70) a été construit il y a 150 ans par les habitants du quartier.

❷ Blue House

En contrebas, dans Stone Nullah Lane, la Blue House accueille ce **musée** (p. 70) retraçant la vie à Wan Chai au siècle dernier (pas de tout-à-l'égout par exemple). La façade de la maison a été repeinte dans sa couleur actuelle lors de travaux de rénovation vers 1920, car les autorités disposaient d'un surplus de peinture bleue.

❸ Old Wan Chai Post Office

En empruntant Queen's Rd East vers l'ouest, notez la **façade moderne aérodynamique** de l'ancien marché de Wan Chai reconverti en centre commercial. Ancienne pierre angulaire du quartier, il fit office de morgue sous l'occupation japonaise. Au 221 Queen's

Rd East, le **bureau de poste de Wan Chai** de style colonial, est lui le plus vieux de Hong Kong (1913).

❹ Spring Garden Lane

Traversez Queen's Rd East pour jeter un coup d'œil à cette allée, l'une des premières rues de l'ère britannique. Elle reliait les grilles nord et sud de l'opulente propriété (baptisée Spring Gardens) d'un marchand britannique. Au début du siècle dernier, des maisons closes jalonnaient l'allée.

❺ Ghost House

Revenez sur le trottoir sud de Queen's Rd East pour admirer le mystérieux **temple de Hung Shing** (p. 70), situé jadis au bord de l'eau. À l'ouest du temple, Ship Street remonte la colline. Au n°55 de Nam Koo Terrace se dresse la **Ghost House**. Cette maison délabrée possède une bien triste histoire : les soldats japonais la transformèrent en maison de plaisir pendant la Seconde Guerre mondiale.

❻ Star Street

Le paisible secteur de Star St mêle l'ancien, comme ce *dai pai dong* (stand de nourriture) familial de St Francis St, et le moderne des boutiques et cafés branchés. Au 31 Wing Fung St, remarquez l'immeuble de six étages de style Art déco doté de balcons. La station de MTR Admiralty est accessible via un escalator et un trottoir roulant souterrain, en bas de Wing Fung St.

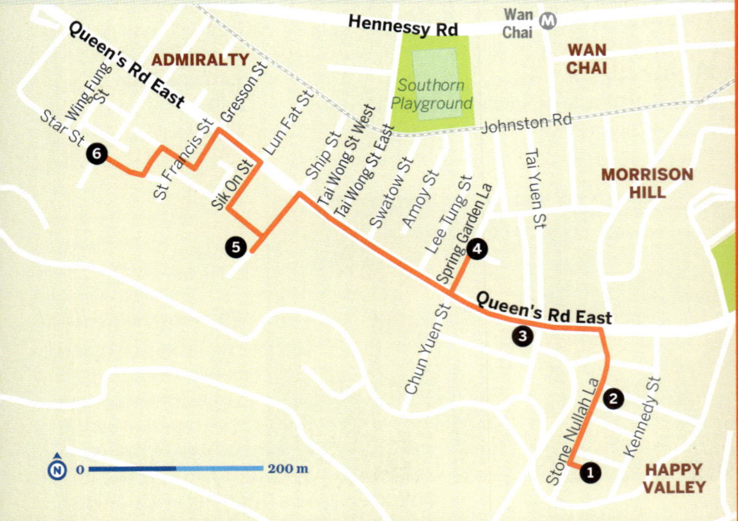

Les plus belles balades

Architecture britannique et d'après-guerre

Itinéraire

Au début de la colonisation britannique, Nathan Rd était encadrée de maisons de style colonial, à l'ombre des banians. Les Chinois n'avaient pas le droit de vivre à Tsim Sha Tsui (TST) jusqu'au début du XXe siècle ; le quartier devint alors un pôle commercial. À l'arrivée des communistes en Chine en 1949, des hommes d'affaires de Shanghai se réfugièrent à Hong Kong. Au nord, on peut voir les immeubles construits après 1945 où habitaient ces communautés chinoises.

Départ Former Kowloon British School ; M Tsim Sha Tsui, sortie B1

Arrivée Jordan Path ; M Jordan, sortie A

Distance 2,5 km ; 2 heures

Une petite faim ?

Chicken HOF & Soju Korean (p. 105)

JANE SWEENEY/GETTY IMAGES ©

Rosary Church (p. 102)

1 Former Kowloon British School

Pour rejoindre cette ancienne école britannique (p. 101), prenez à droite en sortant de la station de MTR Tsim Sha Tsui (sortie B1) et remontez Nathan Rd vers le nord. **St Andrew's Church** (p. 101), la plus vieille église anglicane de Kowloon, jouxte l'école. Un peu plus haut, prenez à droite dans Austin Rd, un ancien bastion des migrants shanghaïens.

2 Pak On Building

Le **Pak On Building** (百安大廈) abrite une galerie marchande. Près de Tak Shing St, un magasin de spiritueux vend de l'absinthe. Plus loin, avant l'embranchement d'Austin Rd et d'Austin Ave, vous verrez les pelouses du Kowloon Green Bowling Club, un joyau de l'époque coloniale.

3 Carnival Mansion

Dans la cour de **Carnival Mansion** (嘉華大廈), au 15 Austin Ave, levez les yeux vers la nuée de maisons bancales d'après-guerre. À l'intérieur, les escaliers en mosaïques jaunes et à balustrades vertes ont été réalisés par des artisans de Shanghai voilà un demi-siècle.

❹ Toilettes triangulaires

À l'extérieur de Carnival Mansion, vous apercevrez les curieuses **toilettes publiques triangulaires** (三角公厠), appelées ainsi par les chauffeurs de taxi, qui font également office de petite centrale électrique. Continuez le long d'Austin Ave puis prenez à gauche sur Chatham Rd South. La **Rosary Church** (p. 102), la première église catholique de Kowloon, se trouve à côté du **St Mary's Canossian College** (嘉諾撒聖瑪利書院), construit en 1900.

❺ Gun Club Hill Barracks

Au grand carrefour, tournez à gauche dans Austin Rd. Sur le trottoir d'en face, des grilles gardées par des canons annoncent les **Gun Club Hill Barracks** (槍會山軍營), siège de l'Armée populaire de libération (APL). Une allée verdoyante (Jordan Path) débute à côté des grilles.

❻ Jordan Path

Les immeubles fonctionnels (de l'APL) sur la droite font face, sur la gauche, aux pelouses des clubs sportifs de l'époque coloniale. Un peu avant de déboucher dans Jordan Rd, impossible de rater l'**hôpital PLA** (解放軍駐軍醫院) aux vitres sombres. De l'autre côté de Cox's Rd se trouve la **Kowloon Union Church** (九龍佑寧堂), une église anglicane de style victorien. Redescendez Jordan Rd jusqu'à la station de MTR éponyme.

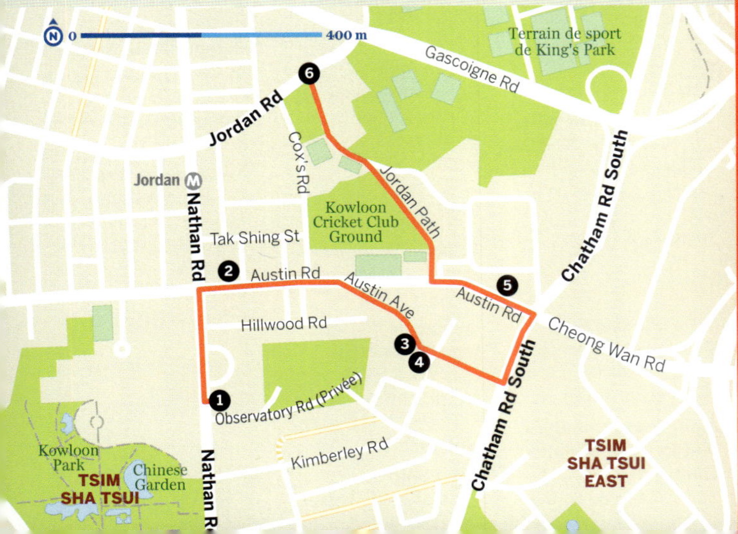

Envie de... Panoramas

En mouvement

Star Ferry Le meilleur moyen d'admirer le célèbre port de Hong Kong. (p. 177)

Escalator Central – Mid-Levels Transforme Soho et Sheung Wan en un spectacle mouvant. (p. 49)

Tramways Pour voir défiler la ville. (p. 39)

Hippodrome de Happy Valley Des chevaux au galop entre les montagnes et les gratte-ciel, sous les spots puissants des sessions nocturnes. (p. 62)

Aberdeen Promenade Des bateaux de pêcheurs et de plaisance sillonnent les eaux de l'abri antityphon célèbre à Hollywood. (p. 87)

Points de vue

Tsim Sha Tsui East Promenade Le panorama le plus emblématique de Hong Kong. (p. 96)

Hong Kong Monetary Authority Information Centre Une vue vertigineuse au bord de l'eau, au 55e étage d'un gratte-ciel. (p. 35)

Tour de la Bank of China Du 42e étage de cette tour, le regard porte jusqu'à Kowloon. (p. 32)

Parcs

Victoria Peak L'île de Hong Kong et Kowloon vus d'en haut. (p. 42)

Hong Kong Park Une juxtaposition unique de gratte-ciel et de montagnes. (p. 64)

Ocean Park Le téléphérique de ce parc surplombe la paisible mer de Chine méridionale. (p. 87)

Bars

Sevva La proximité de la tour HSBC donne le vertige. (p. 38)

Lounge de l'hôtel InterContinental Similaire à la vue qu'offre la Tsim Sha Tsui East Promenade, la clim en plus. (p. 109)

Aqua Spirit Panorama époustouflant

MARIA SWARD/GETTY IMAGES ©

sur les gratte-ciel de Central, particulièrement le soir. (p. 108)

Montagnes

Bouddha de Tian Tan Vue sur l'île de Lantau, à 523 m d'altitude. (p. 126)

Signal Hill Garden De belles vues sur le port depuis le haut d'un monticule à Tsim Sha Tsui. (p. 102)

Fortaleza da Guia Des casinos et des bâtiments coloniaux dessinent l'horizon depuis le plus haut point de la péninsule de Macao. (p. 136)

Envie de...
Édifices religieux

Lieux historiques

Temple de Man Mo Il faisait jadis office de tribunal arbitral pour les Chinois qui doutaient des tribunaux britanniques. (p. 28)

Temple de Hung Shing (Wan Chai) Dédié au dieu des Marins et perché sur un rocher. (p. 70)

Temple de Hung Shing (Ap Lei Chau) Un temple face au port construit par les pêcheurs au XVIIIe siècle. (p. 88)

Pak Sing Ancestral Hall À la fois clinique et temple des ancêtres public pour les pauvres. (p. 32)

Temple de Kun Iam C'est dans ce temple bouddhiste à Macao qu'un traité important fut signé en 1844. (p. 138)

Temples non taoïstes

Temple sikh de Khalsa Diwan Le plus grand temple sikh de la ville accueille les croyants comme les non-croyants. (p. 67)

Monastère de Chi Lin Superbe architecture de style Tang assortie de jardins bouddhiques. (p. 125)

Monastère de Po Lin L'île de Lantau vaut la peine d'être visitée pour voir le Grand Bouddha. (p. 127)

Temple de Kun Iam De belles figurines en céramique et un décor somptueux dans ce temple bouddhiste de Macao. (p. 138)

Temples urbains

Temple de Tin Hau Un ensemble de temples d'allure modeste sur la place arborée de Yau Ma Tei. (p. 118)

Temple de Hung Shing (Wan Chai) Un temple sombre et mystérieux qui surplombe une route fréquentée. (p. 70)

Temple de Man Mo Le plus célèbre temple de Hong Kong se trouve entre Central et Sheung Wan. (p. 28)

Temple de Pak Tai Cette structure majestueuse à Wan Chai abrite de formidables statues de divinités. (p. 70)

HATCHAPONG PALURTCHAIVONG/SHUTTERSTOCK ©

Ancien temple de Fook Tak Cet ancien petit sanctuaire enfumé est le seul temple de Tsim Sha Tsui. (p. 101)

Plein les yeux

Temple de Sik Sik Yuen Wong Tai Sin Un temple flamboyant haut en couleur et bruyant au milieu des gratte-ciel. (p. 124)

Temple de Man Mo Des cônes d'encens géants sont suspendus au plafond. (p. 28)

Bouddha de Tian Tan Le plus grand bouddha assis en bronze du monde, visible depuis un avion. (p. 126)

Temple de Kun Iam Magnifiques figurines en céramique sur le toit et belles décorations dans les salles. (p. 138)

Envie de... Architecture

Au fil des siècles, Hong Kong a connu tous les styles architecturaux, des temples taoïstes aux forteresses de la dynastie Qing, des églises victoriennes aux hôtels édouardiens. Toutefois, en raison du cycle perpétuel de démolition et de reconstruction qui a longtemps caractérisé la ville, ces charmants édifices ont souvent fait place à des bijoux d'architecture moderne. Aujourd'hui, la restauration et la revitalisation des bâtiments d'époque sont attendues par le public.

Architecture chinoise traditionnelle

Les rares exemples d'architecture chinoise précoloniale en ville sont les temples de Tin Hau et de Hung Shing érigés dans la première moitié du XIXe siècle, à Yau Ma Tei, Wan Chai et Ap Lei Chau. Pour en voir plus, il faut visiter les villages fortifiés, les forteresses et les anciennes pagodes des Nouveaux Territoires.

Architecture britannique

L'essentiel de ce qu'il reste de l'architecture de l'époque coloniale se concentre sur l'île de Hong Kong, surtout à Central, ainsi qu'à Tsim Sha Tsui, sur la péninsule de Kowloon. Si certains bâtiments chinois comportent des motifs occidentaux, nombre des édifices coloniaux de Hong Kong et Macao ont été adaptés au climat tropical, avec, par exemple, des tuiles résistantes aux typhons.

Architecture contemporaine

Hong Kong comblera aussi les amateurs de modernité. Les quartiers de Central et de Wan Chai sont de superbes vitrines de l'architecture moderne et contemporaine, souvent pensée par de grands architectes internationaux.

ILONGLOVEKING/SHUTTERSTOCK ©

À savoir

- Pour accéder à la liste des bâtiments historiques, consultez le site Internet du **Hong Kong Antiquities and Monuments** Office (852 2721 2326 ; www.amo.gov.hk ; 136 Nathan Rd, Tsim Sha Tsui ; 9h-17h lun-sam ; M Tsim Sha Tsui, sortie A2), ou rendez-vous directement à la Former Kowloon British School (p. 101), à Tsim Sha Tsui.
- Le site www.heritage.gov.hk indique les actions en faveur de la défense du patrimoine.

Édifices chinois précoloniaux

Temple de Tin Hau Cet ensemble au toit vert a donné son nom à Temple Street. (p. 118)

Temple de Man Mo Le temple le plus célèbre de Hong Kong a été édifié à Sheung Wan par des marchands chinois. (p. 28)

Temple de Hung Shing (Ap Lei Chau) Une structure construite par les pêcheurs, dédiée au dieu des Marins. (p. 88)

Pak Sing Ancestral Hall Jadis une clinique, une morgue et un temple des ancêtres public. (p. 32)

Temple de Kun Iam Un traité important fut signé dans ce temple bouddhiste richement décoré de Macao. (p. 138)

Édifices britanniques

Central Police Station Une prison, un tribunal et un poste de police, de style victorien tardif, entre autres. (p. 49)

Former Marine Police Headquarters Il s'agit de l'un des plus vieux (1884) et des plus beaux bâtiments gouvernementaux qui soit encore debout. (p. 99)

Tour-horloge C'est le seul vestige de la ligne ferroviaire Kowloon-Canton, juste à côté du port. (p. 25)

Blackhead Point Tower Une charmante tour édouardienne qui servait à donner l'heure aux navires. (p. 102)

Former Victoria Barracks Magnifiquement transformés pour accueillir l'Asia Society. (p. 71)

Flagstaff House Le plus ancien bâtiment colonial (1846) de Hong Kong occupe toujours son emplacement d'origine. (p. 65)

St John's Cathedral De style néogothique, avec des vitraux illustrant des scènes de la vie courante à Hong Kong. (p. 35)

Édifices hybrides

Ruines de l'Igreja de São Paulo Les vestiges d'un édifice macanais du XVIe siècle, mélange d'éléments sud-européens et détails asiatiques. (p. 130)

Casa do Mandarim Une élégante résidence chinoise de Macao, forte de diverses influences européennes. (p. 137)

Béthanie Ce bel exemple d'architecture coloniale française était un sanatorium pour les prêtres. (p. 88)

Édifices contemporains

Tour HSBC Un chef-d'œuvre postmoderne high-tech signé Norman Foster. (p. 26)

Tour de la Bank of China L'incroyable tour en Rubik's Cube imaginée par I. M. Pei. (p. 32)

Praca do Tap Seac Une splendide interprétation contemporaine des bâtiments néoclassiques de style sud-européen de Macao. (p. 136)

Envie de... Musées et galeries d'art

Collections d'exception

Hong Kong Museum of Art Art moderne, hongkongais et chinois ancien. (p. 97)

Hong Kong Museum of History Raconte l'histoire de Hong Kong à travers des expositions colorées. (p. 99)

Museu de Arte de Macau Œuvres d'artistes locaux, occidentaux et chinois de Macao et céramique de Shiwan. (p. 136)

Liangyi Museum Des coiffeuses européennes d'inspiration orientale et extraordinaire collection de mobilier chinois classique. (p. 33)

Blindspot Gallery Principalement des œuvres d'excellents photographes de Hong Kong. (p. 89)

Galeries d'art

Grotto Fine Art L'une des rares galeries présentant de l'art hongkongais de qualité. (p. 58)

Espaces artistiques populaires

C&G Artpartment Un centre artistique engagé en plein Mong Kok. (p. 117)

Musées ludiques

Comix Home Base Une introduction fascinante à l'histoire de la bande dessinée à Hong Kong, dans un ensemble lumineux. (p. 71)

Flagstaff House Museum of Tea Ware De jolis bols, plateaux, tasses à sentir et théières. (p. 65)

Hong Kong Science Museum Pour tout savoir sur la science, de la gravité aux têtards. (p. 103)

Hong Kong Space Museum Pour "marcher sur la Lune" et manger des glaces d'astronautes. (p. 103)

Hong Kong Museum of History Des expositions interactives et des répliques grandeur nature, en particulier dans la galerie "Hong Kong Story". (p. 99)

LONELY PLANET/GETTY IMAGES ©

☑ À savoir

▸ Lors du **Hong Kong Art Walk** (www.hongkongartwalk.com ; ⏲mar), plus de 60 galeries sur l'île de Hong Kong ouvrent leurs portes aux visiteurs et leur proposent du vin et des petits-fours le temps d'une nuit en mars.

▸ En mai, **Art Basel Hong Kong** (p. 78) accueille des centaines de galeristes et de marchands d'art du monde entier.

Envie de... Parcs et jardins

Parcs urbains

Victoria Peak Garden Le parc "victorien" reconstitué de l'ancienne villa d'été d'un gouverneur. (p. 42)

Hong Kong Park Cascades artificielles et mares peuplées d'oiseaux. (p. 64)

Nan Lian Garden Architecture de style Tang et jardins ornés de pins des bouddhistes. (p. 125)

Havres de paix

Victoria Peak Garden Pour atteindre ce parc paisible, vous devrez gravir le Victoria Peak. (p. 42)

Signal Hill Garden Probablement l'endroit le plus calme de Tsim Sha Tsui. (p. 102)

Nan Lian Garden Un agréable jardin agrémenté de pagodes et de pins des bouddhistes ; relié au monastère de Chi Lin. (En photo en haut à droite, p. 125)

Middle Road Children's Playground En semaine, seuls les personnes âgées et les travailleurs s'y arrêtent. (p. 102)

Parcs à pique-nique

Victoria Peak Garden Un jardin de style victorien où prendre le thé au belvédère. (p. 42)

Victoria Park Une grande pelouse pour bronzer au soleil. (p. 72)

Kowloon Park Un parc avec pelouse, bancs et quelques constructions, sur le site d'une ancienne caserne. (p. 100)

Lieux de vie

Middle Road Children's Playground Une aire de jeux multi-âge et multiculturelle. (p. 102)

Kowloon Park Les habitants viennent y bavarder, pique-niquer, nager, courir et pratiquer le kung-fu. (p. 100)

Victoria Park Le point de rencontre des familles chinoises et, le dimanche, des employées de maison indonésiennes. (p. 72)

Ocean Park Un formidable parc d'attractions, pris d'assaut par les habitants et les touristes pendant les congés. (p. 87)

OLESYA KUZNETSOVA/SHUTTERSTOCK ©

À savoir

- Le site du **Leisure & Cultural Services Department** (www.lcsd.gov.hk) énumère les parcs et les jardins publics de la ville.
- Le site Internet de l'**Environmental Protection Department** (www.epd.gov.hk) recense les parcs nationaux et marins.
- Pour une liste des espaces verts, ainsi que des événements musicaux, rendez-vous sur **Lawnmap Hong Kong** (www.lawnmaphk.org).
- Les parcs publics disposent de toilettes et de stands de nourriture. Il est interdit d'y fumer.

Envie de... Shopping

Hong Kong a la réputation d'être un lieu de pèlerinage pour faire son shopping sous les néons. Les centres commerciaux clinquants et les grandes enseignes se succèdent en ville, à côté de boutiques avant-gardistes et de designers locaux. Ensemble, ils forment les sanctuaires et les temples du style et de la consommation de Hong Kong.

Mode

Pour les marques de créateurs et de luxe, rien ne vaut les centres commerciaux. Les boutiques indépendantes de créateurs locaux se trouvent surtout à Sheung Wan, Wan Chai et Tsim Sha Tsui. Pour s'habiller à petits prix, les meilleurs terrains de chasse restent les marchés de rue.

Antiquités

Hong Kong offre un large choix d'objets anciens d'Asie, surtout de Chine. Gare cependant aux nombreuses copies plus vraies que nature ! Pour vos achats, limitez-vous aux antiquaires réputés et aux salles de vente comme Christie's qui propose, surtout lors de ses ventes aux enchères de printemps et d'automne, d'excellentes pièces authentifiées.

Électronique

Hong Kong regorge de magasins spécialisés en appareils électroniques et gadgets numériques, mais les produits et les prix peuvent varier. De même, le niveau d'anglais des vendeurs peut aller de "suffisant pour faire des affaires" à "raisonnable". Les commerçants sont généralement honnêtes mais certains sont connus pour avoir fait passer des articles d'exposition ou d'occasion pour neufs. Toute proportion gardée, Wan Chai Computer Centre (p. 80) est le meilleur choix.

STEFAN IRVINE/GETTY IMAGES ©

À savoir

- Il n'y a pas de TVA sur la plupart des produits.
- Pour toute réclamation, adressez-vous à la **Quality Tourism Services** (QTS ; ☎852 2807 6280 ; www.qtsa.com) ou au **Hong Kong Consumer Council** (☎852 2929 2222 ; www.consumer.org.hk ; ⏲9h-17h35 lun-ven).

Stanley Market (p. 85)

Mode

Initial Mode urbaine tendance signée par plusieurs stylistes. (p. 109)

Kapok Vêtements branchés de créateurs locaux et internationaux. (p. 79)

Horizon Plaza Des articles de luxe et des vêtements à prix réduit dans une usine de 27 étages. (p. 93)

Souvenirs

Temple Street Night Market Vous y trouverez de tout, des baguettes aux bijoux, mais il faut négocier. (p. 114)

Stanley Market Des baguettes personnalisables, des chaussures pour bébés en satin et bien plus encore, dans un marché de rue touristique mais amusant. (p. 85)

Picture This Posters rétro et livres anciens. (p. 41)

Lam Kie Yuen Tea Co Une boutique respectée et une large sélection de thés. (p. 39)

Livraria Portuguesa Des livres de cuisine macanaise difficiles à trouver. (p141)

Alimentation

Shanghai Street Woks, moules à gâteau de lune et de nombreux autres accessoires de cuisine. (p. 118)

Livres

Eslite Immense librairie/café/galerie/magasin de jouets taïwanais. (En photo en haut à gauche, p. 79)

Kubrick Bookshop Café Excellente sélection de fictions intellectuelles, livres d'art et journaux littéraires. (p. 121)

Livraria Portuguesa Une bonne librairie portugaise et anglaise à Macao. (p. 141)

Envie de... Marchés

Marchés spécialisés

Cat Street Bazaar Curiosités et objets d'époque (faux pour la plupart), dans la rue et en boutique. (p. 34)

Jade Market Pendentifs, bracelets et autres accessoires en jade vendus sous une halle. (p. 122)

Wholesale Fruit Market Un marché aux fruits centenaire, où un nombre croissant de stands ouvrent au cours de la journée. (p. 118)

Ap Lei Chau Market La plus grande variété de fruits de mer vivants de tous les marchés réunis. (p. 90)

Vêtements

Stanley Market T-shirts, vêtements pour enfants et mode chinoise dans un dédale de boutiques. (p. 85)

Ladies' Market Ce marché bien connu possède des dizaines de stands de vêtements décontractés bon marché. (p. 122)

Produits frais

Marchés de Wan Chai Des produits frais, toutes sortes d'épices et des nouilles fraîches, le tout vendu sur des étals de rue. (p. 79)

Ap Lei Chau Market Un marché couvert dans lequel on trouve un vaste choix de poissons et de crustacés encore vivants. (p. 90)

Wholesale Fruit Market La vente au détail se pratique parfois sur ce marché de gros emblématique de Yau Ma Tei. (p. 118)

Pour l'ambiance

Temple Street Night Market Plongez-vous dans des sons, des odeurs, des images et des saveurs uniques à Hong Kong. (p. 114)

Wholesale Fruit Market Cette halle d'époque à Yau Ma Tei s'anime dès le petit matin. (p. 118)

Marchés de Wan Chai Boutiques et stands dans une ambiance de quartier animée. (p. 79)

HOBBYMAN/500PX ©

Ap Lei Chau Market Vous y verrez des pêcheurs vendre toutes sortes de poissons et fruits de mer vivants. (p. 90)

Cat Street Vous pouvez y flâner à loisir avant de vous diriger vers les bars de Soho (p. 34)

Bazars

Temple Street Night Market Diseurs de bonne aventure, chanteurs d'opéra, prostituées et cuisine de rue. (photo ci-dessus ; p. 114)

Stanley Market Habits, souvenirs chinois, dentelle et combinaisons de plongée, le tout à côté d'un marché alimentaire. (p. 85)

Marchés de Wan Chai Stands de nourriture, d'offrandes funéraires, d'encens et d'épices dans plusieurs rues. (p. 79)

Envie de... Activités

Plages

South Bay Une plage magnifique adoptée par la communauté d'expatriés français de Hong Kong. (p. 85)

Middle Bay Une petite plage pittoresque entre Repulse Bay et South Bay, appréciée de la jeunesse branchée. (p. 85)

St Stephen's Beach Un refuge agréable proche de la plage principale de Stanley, mais sans les foules. (p. 85)

Beauté et bien-être

Happy Foot Reflexology Centre Massages plantaires et corporels à Lan Kwai Fong. (p. 51)

Flawless Hong Kong Massages et soins de beauté réjouissants pour "hipsters" soucieux de leur style. (p. 50)

Lieux de rencontre

Wan Kei Ho International Martial Arts Association Apprenez le kung-fu Shaolin avec d'autres expatriés et visiteurs. (p. 34)

Hong Kong Dolphinwatch Rejoignez des voyageurs et des familles amoureuses des animaux pour voir des dauphins blancs de Chine. (p. 170)

Big Bus Company Découvrez Hong Kong depuis le toit d'un bus à impériale découvert. (p. 104)

Water Tours Faites une croisière dans le Victoria Harbour à bord d'un bateau de style jonque. (p. 104)

Hong Kong House of Stories Suivez une visite guidée du vieux Wan Chai. (p. 70)

Sports

South China Athletic Association (www.scaa.org.hk) loue des équipements sportifs.

Outdoor Sports (www.hkoutdoors.com)

Hong Kong Ultimate Frisbee Association (www.hkupa.com) organise des parties de frisbee deux fois par semaine.

KAY DULAY/GETTY IMAGES ©

À savoir

- **Hong Kong Tourism Board** (www.discoverhongkong.com) Liste complète d'événements.
- **Leisure and Cultural Services Department** (www.lcsd.gov.hk) Liste des terrains, stades, plages, piscines, centres aquatiques, etc., mais aussi des locations de matériel.

Casual Football Network (casualfootball.net) propose au moins trois matchs de football par semaine.

Enjoy Hiking (hiking.gov.hk) vous permet de choisir un sentier en fonction de la zone, du niveau de difficulté et de la durée.

Envie de... Cuisine gastronomique

Les restaurants haut de gamme ne manquent pas à Hong Kong. Les gourmets urbains ne semblent pas découragés par les prix parfois astronomiques pratiqués par les grandes tables qui affichent complet presque tous les soirs. Les portefeuilles bien garnis pourront y déguster des ormeaux poêlés, du sashimi de homard ou encore des créations moléculaires originales.

Gastronomie cantonaise

La cuisine cantonaise prédomine à Hong Kong. La mer de Guangzhou (Canton) abonde en poissons et fruits de mer de grande valeur (poissons de haute mer, homards géants), si bien que même les chefs de Chine du Nord reconnaissent la supériorité de leurs collègues cantonais quand il s'agit d'accommoder des ingrédients rares comme les ormeaux ou les concombres de mer.

Cuisine cantonaise

La cuisine cantonaise se caractérise par une obsession de la fraîcheur, des méthodes complexes et une grande variété d'ingrédients. Les saveurs sont délicates et équilibrées, grâce à l'utilisation limitée d'assaisonnement et des techniques de cuisson légères comme la vapeur ou la poêlée rapide.

Chefs célèbres

La population cosmopolite et aisée de Hong Kong plébiscite les saveurs étrangères, en particulier japonaises et européennes. Pour s'en convaincre, il suffit de voir le nombre de bars à sushis haut de gamme et de restaurants ouverts par de grands chefs internationaux, de Nobuyuki "Nobu" Matsuhisa à Joël Robuchon, en passant par Pierre Gagnaire.

LEELAKAJONKIJ/GETTY IMAGES ©

☑ À savoir

- Une sélection de nos blogs culinaires préférés en langue anglaise, pour les dernières infos sur les restaurants, anciens ou récents :
- **That Food Cray** (www.thatfoodcray.com)
- **Sassy Hong Kong** (www.sassyhongkong.com)
- **e-Ting** (www.e-tingfood.com)
- **Food Craver** (www.foodcraver.hk)
- **Hungry Hong Kong** (hungryhk.blogspot.hk)

Les meilleurs

Luk Yu Tea House Un repas dans la plus belle maison de thé de Hong Kong se savoure à tout point de vue. (p. 52)

Otto e Mezzo Bombana Le meilleur de la cuisine italienne en Asie. (p. 37)

Boss Une cuisine cantonaise de génie dans un cadre délicieusement sobre. (p. 36)

Seventh Son Les soupes, les plats à la vapeur, les plats sautés, les *dim sum*, tout est exceptionnel. (p. 73)

Serge et le Phoque Un restaurant français moderne et chic à côté des marchés de produits frais de Wan Chai. (p. 74)

Gaddi's Les lustres sont imposants mais le service est chaleureux et les plats français excellents. (p. 105)

Duddell's Sirotez du champagne et admirez l'art entre deux bouchées de *dim sum*. (p. 37)

Lung King Heen D'exquis *dim sum* récompensés au Michelin et accompagnés d'une vue sur le port. (p. 37)

António Une cuisine portugaise traditionnelle mais sophistiquée dans une partie paisible du village de Taipa à Macao. (p. 139)

Saveurs de Chine

Seventh Son Cuisine cantonaise magistrale et service irréprochable dans un établissement familial. (p. 73)

Boss Discret, mais néanmoins incontournable en matière de cuisine gastronomique cantonaise. (p. 36)

Luk Yu Tea House Spécialités préparées de façon traditionnelle et servies dans un cadre rétro. (p. 52)

Saveurs d'Europe

Otto e Mezzo Bombana Le seul restaurant italien d'Asie avec trois étoiles au Michelin est à la hauteur de sa réputation. (p. 37)

Gaddi's Ce restaurant somptueux de la péninsule sert des spécialités françaises depuis 1953. (p. 105)

Serge et le Phoque Français moderne au cœur de l'animation du marché Wan Chai. (p. 74)

Caprice Français contemporain dans un cadre opulent à l'intérieur du Four Seasons. (p. 36)

Verandah Brunch le dimanche et thé l'après-midi sous des ventilateurs et autres ornements coloniaux. (p. 85)

Pour l'ambiance

Luk Yu Tea House Style Art déco oriental avec ventilateurs au plafond et vitraux. (p. 52)

Duddell's Espaces chic et design agrémentés d'expositions d'art. (p. 37)

Serge et le Phoque Regardez les bouchers travailler en vous délectant dans le luxe français contemporain. (p. 74)

Yè Shanghai Intérieurs sombres et élégants inspirés du Shanghai des années 1920. (p. 106)

Lung King Heen Vue panoramique sur le Victoria Harbour depuis le Four Seasons Hotel. (p. 37)

Fruits de mer haut de gamme

Hing Kee Restaurant Poissons et fruits de mer de choix préparés "à la façon de l'abri antityphon" à Tsim Sha Tsui. (p. 106)

Envie de... Restaurants à prix doux

Contrairement à Tokyo ou à Londres, il est possible de bien manger sans se ruiner à Hong Kong. Quantité d'enseignes chinoises et sud-asiatiques proposent de bons repas à moins de 200 HK$ par personne. Pour moins de 100 HK$, vous aurez le choix entre les bars à nouilles et à *congee*, les *cha chaan tang*, les *dai pai dong* ou les chaînes de fast-food.

Cha chaan tang

Ces "cafés-salons de thé" typiquement hongkongais ont vu le jour dans les années 1940 pour proposer une carte de restauration légère à l'occidentale comme alternative au thé Earl Grey et aux sandwichs aux concombres. Dans la plupart, on sert des sandwichs, des nouilles, du thé et du café au lait, voire des plats de riz ou de fruits de mer, des curries et des pâtisseries d'influence occidentale.

Dai pai dong

Après la Seconde Guerre mondiale, le gouvernement accorda aux familles des fonctionnaires décédés des licences pour ouvrir des stands de cuisine de rue leur permettant de vivre. Les habitants les surnommèrent *dai pai dong* (littéralement "stand à grande licence") en référence à la taille des plaques de licence. Pour des questions logistiques, nombre de ces échoppes traditionnelles en plein air ont été transférées dans des espaces de restauration couverts. Au menu figurent aussi bien du *congee* que des sandwichs, des fondues chinoises que du poisson.

AARON LIM/SHUTTERSTOCK ©

☑ Bon plan

▶ Pour faire des économies, optez pour les formules petit-déjeuner ou thé dans les *cha chaan tang*. Elles comprennent une boisson et des portions plus petites qu'à la carte.

Dai pai dong

Temple Street Night Market Marchands ambulants, chanteurs d'opéra et diseurs de bonne aventure. (p. 114)

Yue Hing Thé au lait et sandwichs originaux, en plein air. (p. 53)

Tak Fat Beef Balls Au marché de produits frais de Tsim Sha Tsui. (p. 107)

Sei Yik Des files d'attente se forment

pour le petit-déjeuner dans ce pilier à moitié caché de Stanley. (p. 90)

Ap Lei Chau Market Cooked Food Centre Bière et produits de la mer bon marché. (p. 90)

Cha Chaan Tang

Australia Dairy Company Attente et service revêche dans cette institution appréciée de Hong Kong. (p. 119)

Yue Hing Sandwich à la hongkongaise, mais avec du chou et du beurre de cacahuète. (p. 53)

Lan Fong Yuen Connu pour être l'inventeur du thé au lait "collant" de Hong Kong. (p. 52)

Mido Café L'atmosphère l'emporte sur la cuisine, surtout près des fenêtres à l'étage. (p. 120)

Fruits de mer

Aberdeen Fish Market Yee Hope Précommande obligatoire dans ce bijou niché dans un marché aux poissons. (p. 89)

Ap Lei Chau Market Cooked Food Centre Produits de la mer frais dans une ambiance bruyante. (p. 90)

BBQ Lobster Le choix est impressionnant dans ce restaurant de grillades à Yau Ma Tei. (p. 119)

Hoi Kwong Seafood Restaurant Fruits de mer et plats sautés dans une salle à manger bondée. (p. 90)

Nouilles et congee

Sun Sin Excellentes nouilles servies en curry ou dans une soupe à la tomate. (p. 119)

Nathan Congee and Noodle Beignets, raviolis de riz et salade de peau de poisson. (p. 120)

Good Hope Noodle Restaurant primé au Michelin ouvert depuis un demi-siècle. (p. 120)

Mak's Noodle *Wonton* soyeux et nouilles aux œufs préparés de façon traditionnelle. (p. 52)

Kau Kee La poitrine de bœuf est servie avec des nouilles, sautées ou dans une soupe. (p. 51)

Tak Fat Beef Balls Des boulettes de bœuf assaisonnées de zestes de mandarine et accompagnées de nouilles. (p. 107)

Cuisine chinoise

Ser Wong Fun Plats traditionnels copieux, saucisse de foie marinée au vin et soupe de serpent. (p. 52)

Spring Deer Cette institution est synonyme de canard laqué à la pékinoise. (p. 106)

Joy Hing Roasted Meat Vous devrez faire la queue pour goûter à ce succulent barbecue cantonais. (p. 72)

Lock Cha Tea Shop Excellent thé et *dim sum* végétariens dans le Museum of Tea Ware. (p. 74)

Din Tai Fung Spécialités de Shanghai et du Nord dans cette chaîne taïwanaise. (p. 106)

Végétarien

Gun Gei Healthy Vegetarian Délicieux repas végétariens au-dessus d'un marché de produits frais à Wan Chai. (p. 67)

Lock Cha Tea Shop Une petite mais excellente sélection de *dim sum* végétariens. (p. 74)

Yoga Interactive Vegetarian Choix de plats asiatiques cuisinés par un professeur de yoga. (p. 106)

Cuisine asiatique

Woodlands Subtils plats végétariens du sud de l'Inde. (p. 108)

Chicken HOF & Soju Korean Poulet frit coréen décliné en cinq saveurs. (p. 105)

Envie de... Dim sum

Les meilleurs

City Hall Maxim's Palace Probablement le plus célèbre des palais de *dim sum* de Hong Kong. (p. 35)

Seventh Son Établissement secondaire d'un restaurant appelé la "cantine des tycoons". (p. 73)

Luk Yu Tea House Cette maison de thé vénérable était autrefois un repaire d'artistes. (p. 52)

Lin Heung Tea House Chariots de *dim sum* à l'ancienne dans un décor sans prétention. (p. 38)

Petits budgets

Yum Cha Des bouchées en forme de cochons, oiseaux, chatons et autres animaux adorables. (p. 105)

Lin Heung Tea House Le meilleur petit-déjeuner après une nuit alcoolisée à Soho. (p. 38)

Tim Ho Wan, the Dim Sum Specialists La référence en matière de *dim sum* de qualité et bon marché en Asie. (p. 38)

Catégorie intermédiaire

Luk Yu Tea House La plus célèbre maison de thé de Hong Kong travaille comme autrefois. (p. 52)

Pure Veggie House Des mets végétariens qui n'ont rien à envier à leurs homologues carnés. (p. 36)

Yè Shanghai Sélection de spécialités cantonaises et délicieux raviolis et feuilletés shanghaïens. (p. 106)

Haut de gamme

Seventh Son De grands classiques parfaitement préparés, et quelques merveilles plus traditionnelles. (p. 73)

Lung King Heen Les créations récompensées au Michelin sont vite prises d'assaut. (p. 37)

Boss *Dim sum* goûteux et sains dans un cadre moderne. (p. 36)

Duddell's Accompagnez vos mets de champagne comme le font les habitués. (p. 37)

Envie de... Patrimoine

La culture hybride de Hong Kong, complexe et fascinante, s'explique par son évolution distincte du reste de la Chine. Si la ville s'est occidentalisée sous l'effet de la colonisation, les influences de la culture Lingnan traditionnelle – prédominante dans le Guangdong et certaines régions de la Chine du Sud, et importée par les nombreux artistes, écrivains et musiciens qui ont fui la Chine dans les années 1940 – sont palpables.

LONELY PLANET/GETTY IMAGES ©

Patrimoine local

Hong Kong Museum of History Toute l'histoire de Hong Kong – premiers pas, évolution et aléas. (p. 99)

Middle Road Children's Playground Les enfants locaux de différentes ethnies y jouent ensemble. (p. 102)

Wholesale Fruit Market Un marché de gros, centenaire, dynamique et noctambule. (p. 118)

Sino Centre Dessins d'animation, magazines mort-nés, figurines et autres trouvailles pour "geeks". (p. 123)

G.O.D. Sélection impertinente d'articles d'inspiration hongkongaise. (p. 57)

Sing-along parlours Des lieux de divertissement à la fois miteux et fabuleux, exclusivement à Yau Ma Tei. (p. 115)

Salles de mah-jong Les joueurs sérieux s'y retrouvent pour une partie de mah-jong ; les photos sont interdites. (p. 120)

Patrimoine indigène

Hong Kong Museum of History Découvrez les coutumes et les rituels des Hakka, Puntay et Tanka. (p. 99)

Aberdeen Promenade Rencontrez le "peuple de l'eau" – la communauté d'habitants des maisons flottantes de Hong Kong. (p. 87)

Pok Fu Lam Village Dernier village survivant sur l'île de Hong Kong et site de la première laiterie de Hong Kong. (p. 89)

Patrimoine culinaire local

Mido Café Une *cha chaan tang* (maison de thé) pittoresque des années 1950. (p. 120)

Luk Yu Tea House Des plats cantonais aussi exquis que l'intérieur Art déco occidental et les tableaux de style Lingnan. (p. 52)

Australia Dairy Company Des classiques de *cha chaan tang* servis avec une efficacité austère. (p. 119)

Mammy Pancake Les populaires *eggette* et sandwichs de gaufres revisités. (p. 107)

Kung Lee Bons jus de sucre de canne depuis 1948. (p. 47)

Envie de... Bars et clubs

L'énergique Hong Kong sait faire la fête et le fait de façon visible et bruyante. Le choix est varié, entre les pubs de style britannique et les bars des hôtels, les repaires branchés et les salons de karaoké destinés à une clientèle chinoise jeune. Au cours des dernières années, le nombre de bars à vins et de salles de concert a sensiblement augmenté, pour le plus grand bonheur d'une population diverse, exigeante et fêtarde.

Happy hour

À un moment de la journée ou de la nuit, la majorité des pubs et des bars, ainsi que quelques clubs, servent des boissons à prix réduits (de -30% à -50% en général), voire deux verres pour le prix d'un. L'*happy hour* est généralement programmée en fin d'après-midi ou en début de soirée – entre 16h et 20h –, mais les horaires varient considérablement selon l'endroit, la saison et le jour de la semaine : certaines adresses la pratiquent de 12h à 22h, tandis que d'autres attendent minuit.

Code vestimentaire

Si un style "chic décontracté" suffira pour la majorité des clubs, les clients portant shorts et claquettes seront refoulés. Très populaires à Hong Kong, les jeans sont associés à des talons ou à un blazer pour composer un ensemble plus recherché.

MELISSA TSE/GETTY IMAGES ©

À savoir

- Les bars ouvrent à 12h ou 18h pour fermer entre 2h et 6h ; les établissements de Wan Chai sont ceux qui veillent le plus tard. Quant aux cafés, leur ouverture oscille entre 8h et 11h, et leur fermeture entre 17h et 23h.
- Pour les dernières infos, consultez **Time Out** (www.timeout.com.hk).

RICHARD I'ANSON/GETTY IMAGES ©

Club 71 (p. 47)

Les meilleurs

Tai Lung Fung Cocktails et flamboyance à l'ancienne. (p. 75)

Club 71 Les activistes, artistes, musiciens et personnes socialement impliquées y viennent pour refaire le monde. (p. 47)

Thé et café

Peninsula Hong Kong Le plus raffiné des salons de thé du territoire. (p. 100)

Cafe Corridor Un repaire intime qui attire une clientèle d'habitués. (p. 75)

Teakha Respirez l'odeur du jasmin dans cet élégant salon de thé. (p. 29)

Elephant Grounds De bons cafés et des sandwichs à la crème glacée très prisés. (p. 76)

Lan Fong Yuen Le parfait endroit pour goûter le célèbre thé au lait de Hong Kong. (p. 52)

Bars à whisky

Butler Vous aurez le choix entre du whisky et des cocktails, ou des cocktails à base de whisky. (p. 108)

Angel's Share Whisky Bar Tout tourne autour du whisky, notamment irlandais. (p. 54)

Bar à vins

MyHouse Vins bio et vinyles à Causeway Bay. (p. 76)

Cocktails

Butler Bar à cocktails et whisky japonais, dans un secteur paisible de Tsim Sha Tsui. (p. 108)

Tai Lung Fung Décor rétro charmant inondé de la lumière rose des néons. (p. 47)

Quinary Cocktails créatifs d'inspiration asiatique, dans un cadre élégant. (p. 55)

Envie de… Hong Kong gay et lesbien

Si la communauté homosexuelle de Hong Kong n'est pas aussi dynamique et visible que dans des villes comme Sydney, des avancées considérables ont été constatées ces dernières années et la ville compte aujourd'hui plus d'une vingtaine de bars et clubs gays.

Mentalités

La dépénalisation des rapports entre deux personnes majeures consentantes de même sexe ne date que de 1991. La loi qui punissait l'homosexualité masculine par des peines pouvant aller jusqu'à la prison à perpétuité avait vu le jour sous l'ère britannique. Depuis, les associations gays militent pour que la législation évolue quant au problème de la discrimination fondée sur l'orientation sexuelle – à ce jour, elle n'est punie par aucune loi à Hong Kong. Le mariage homosexuel n'est pas non plus reconnu. Cela dit, la société affiche une plus grande tolérance qu'il y a dix ans.

Bars et clubs

Tivo Faites la fête avec les drag-queens le dimanche soir. (p. 47)

T:ME Bar gay intime. (p. 55)

Boo Cet établissement de longue date à Kowloon accueille les "nounours". (p. 121)

Shopping

Caroline Haven Boutiques branchées à l'intérieur et autour d'immeubles résidentiels chinois de 1960. (p. 73)

Hola Classic Abordables costumes et chaussures sur mesure pour hommes, à Causeway Bay. (p. 78)

Numb Workshop Vêtements androgynes en noir, blanc, gris et beige. (p. 80)

YE HANZHANG/SHUTTERSTOCK ©

À savoir

- **Dim Sum** (http://dimsum-hk.com) Mensuel gratuit qui recense bonnes adresses et manifestations.
- **Les Peches** (p. 56) organise des événements mensuels pour les lesbiennes ou les bisexuelles et leurs amis.
- **Utopia Asia** (www.utopia-asia.com/hkbars.htm) Répertorie les établissements et les événements *gay friendly* en ville.

G.O.D. Produits de la vie courante aux motifs rétro originaux. (p. 57)

Armoury Prêt-à-porter élégant et ajusté. (p. 41)

Envie de... Divertissement

Le calendrier culturel de Hong Kong est bien rempli. La ville accueille des représentations de musique, de théâtre et de danse issues de moult traditions différentes, mais aussi une grande variété de spectacles importés. Et chaque semaine, des compagnies et des artistes locaux se produisent, interprétant de tout, du Bach au one-man-show, en passant par de l'opéra cantonais ou du Tchekhov.

Art et théâtre

Hong Kong Arts Centre Théâtres, galeries d'art et un cinéma. (p. 78)

Fringe Club Accueille des spectacles (art, théâtre, musique) de nature avant-gardiste. (p. 56)

Musique indépendante

Focal Fair Concerts de groupes locaux et internationaux, de la techno hardcore au punk. (p. 77)

Fringe Club Concerts à l'intérieur de l'historique Fringe Dairy. (p. 56)

Street Music Concert Series Des concerts sous les étoiles. (p. 77)

Jazz et rock

Peel Fresco Jazz live à Soho presque tous les jours de la semaine. (p. 56)

Fringe Club Le jazz occupe une bonne place dans le programme du Fringe Club. (p. 56)

Festivals

Hong Kong Arts Festival Programme certains des artistes les plus vénérés au monde. (p. 78)

Clockenflap Ce festival de musique indépendante en plein air est un point fort du calendrier musical. (p. 78)

Hong Kong International Film Festival Le plus grand festival de cinéma d'Asie se tient sur le front de mer de Central. (p. 78)

Hong Kong Jazz Festival Pour les amateurs de jazz du coin. (⏲ sep, oct ou nov)

VICTORN/SHUTTERSTOCK ©

☑ À savoir

- Pour connaître les derniers événements, rendez-vous sur **Artmap** (www.artmap.com.hk), **Artslink** (www.hkac.org.hk) et **Time Out** (www.timeout.com.hk).
- Pour obtenir des billets et des réservations, visitez le site Internet **Urbtix** (www.urbtix.hk). **HK Ticketing** (www.hkticketing.com) vend des places pour les principaux événements à Hong Kong. Vous pouvez réserver auprès de ces sites Internet ou directement sur le lieu du spectacle.

Envie de... Hong Kong avec des enfants

Même si la foule, la circulation et la pollution peuvent décontenancer dans un premier temps certains parents, Hong Kong reste une destination familiale. La nourriture et les conditions sanitaires sont de qualité, et les activités pour occuper les enfants abondent en ville.

Observation des dauphins

Hong Kong Dolphinwatch (香港海豚觀察 ; ☎852 2984 1414 ; www.hkdolphinwatch.com ; 15e ét, Middle Block, 1528A Star House, 3 Salisbury Rd, Tsim Sha Tsui ; adulte/enfant 420/210 HK$; ⏲excursions mer, ven et dim) a été fondé en 1995 pour sensibiliser aux merveilleux dauphins blancs de Chine de Hong Kong et promouvoir un écotourisme responsable. La compagnie organise des croisières de 2 heures 30 pour les observer dans leur habitat naturel. Environ 97% des excursions permettent d'en apercevoir au moins un ; si ce n'est pas le cas, un voyage gratuit est offert aux passagers.

Les guides se rassemblent dans le hall d'entrée du **Kowloon Hotel Hong Kong** (九龍酒店 ; www.thekowloonhotel.com ; 19-21 Nathan Rd, Tsim Sha Tsui ; Ⓜ Tsim Sha Tsui, sortie E), à Tsim Sha Tsui, à 9h, avant de prendre le bus en direction de Tung Chung, qui s'arrête au Tsing Ma Bridge, d'où partent les bateaux ; l'excursion se termine à 13h.

Entre 100 et 200 dauphins blancs de Chine (*Sousa chinensis*), qui sont en réalité rose bonbon, habitent les eaux côtières de Hong Kong, le milieu saumâtre de l'estuaire du Zhu Jiang étant le parfait habitat. Malheureusement, ces splendides mammifères, que l'on appelle également dauphins à bosse de l'Indo-Pacifique, sont menacés par la pollution environnementale, et leur nombre diminue.

LEUNGCHOPAN/GETTY IMAGES ©

☑ À savoir

▶ **Salles d'allaitement** Disponibles dans les grands centres commerciaux et la plupart des musées.

▶ **Rent-a-Mum** (www.rent-a-mum.com ; à partir de 180 HK$/heure) Garde d'enfants, pour un minimum de 4 heures.

▶ **In Safe Hands** (www.insafehands.com.hk ; à partir de 280 HK$/heure, plus frais de transport) Service de garde d'enfants à temps plein ou à mi-temps, et en soirée (minimum de 4 heures).

Musées familiaux

Hong Kong Science Museum Trois étages d'expositions passionnantes pour tous les âges. (p. 103)

Hong Kong Museum of History Donne vie à l'histoire de la ville de façon originale. (p. 99)

Hong Kong Maritime Museum Mannequins de pirates, véritables trésors d'épaves et un scaphandre en métal. (p. 32)

Hong Kong Space Museum Les petits testeront leur habileté motrice ; les plus grands apprécieront les films Omnimax. (p. 103)

Comix Home Base Des expositions, une bibliothèque et des vidéos sur l'histoire de la bande dessinée à Hong Kong. (p. 71)

Parcs

Ocean Park Le premier parc d'attractions de Hong Kong renferme des manèges mécaniques, un superbe aquarium, des pandas et des téléphériques. (p. 87)

Hong Kong Park Des bassins avec des canards, des cygnes et des tortues, ainsi qu'une immense volière dans une forêt. (p. 64)

Middle Road Children's Playground Balançoires, toboggans et jeux à escalader pour les enfants de tout âge. (p. 102)

Kowloon Park De la place pour courir, des lacs avec des oiseaux aquatiques, des aires de jeux, des piscines et une volière. (p. 100)

Victoria Peak Garden Avec ses pelouses, cadrans solaires et piliers victoriens, c'est le lieu idéal pour un pique-nique en famille. (p. 42)

Transports

Peak Tram Ce véhicule défiant la gravité fascinera vos enfants. (photo ; p. 42)

Star Ferry Vos marins en herbe s'amuseront à nommer les navires croisant dans le Victoria Harbour. (p. 177)

Tramways Une balade grisante à bord d'un véhicule qui serpente entre les bouchons en faisant un bruit d'enfer. (p. 177)

Shopping

Tai Yuen St La "rue du jouet" est bordée de magasins de jouets traditionnels destinés aux enfants. (p. 79)

Stanley Market Des vêtements, chaussures et accessoires pour les cheveux à prix raisonnable. (p. 85)

Horizon Plaza Un bâtiment d'usine de plusieurs étages qui vend des livres et des vêtements pour enfants. (p. 93)

PMQ Boutiques d'objets adorables de style dessin animé et un magasin de jouets rétro. (p. 50)

Restaurants

Mammy Pancake Des *eggette* et des sandwichs de gaufres aux parfums originaux. (p. 107)

Tai Cheong Bakery Tartes aux œufs, beignets légers et autres pâtisseries. (p. 53)

Kung Lee Le jus de sucre de canne frais est un bon remède contre les infections et le rhume. (p. 47)

Chicken HOF & Soju Korean Du poulet frit ! (p. 105)

Yue Hing Imaginez un sandwich au corned-beef et au beurre de cacahuète ! (p. 53)

Jumbo Kingdom Floating Restaurant Lieu de tournage prisé, riche en statues de dragons et de phénix. (p. 88)

Dumpling Yuan Neuf délicieuses variétés de raviolis chinois. (p. 51)

Envie de... Hong Kong gratuit

Art

Museum of Art
Une mine d'or d'art hongkongais et chinois ; gratuit le mercredi. (p. 97)

Museum of Tea Ware
Une élégante exposition de services à thé anciens dans le Hong Kong Park. (p. 65)

Blindspot Gallery
Œuvres de photographes hongkongais et asiatiques. (p. 89)

Musique

Street Music Concert Series Excellente programmation de musique classique, jazz ou indépendante, deux fois par mois. (p. 77)

Senses 99 Bœuf gratuit tous les week-ends à l'étage d'un bar de Sheung Wan. (p. 56)

Bon marché et amusant

Tramway
Pour 2,30 HK$, vous pouvez parcourir le paysage urbain de gratte-ciel à bord d'un tramway. (p. 177)

Star Ferry
Pour un peu de monnaie, embarquez pour un voyage unique à bord du Star Ferry. (p. 177)

Horse-racing Pour seulement 10 HK$, vous pouvez passer une soirée aux courses. (p. 62)

Thrill Rides Des trajets en bus pour les amateurs de sensations fortes, sur les lignes n°314, 14, 6, H1 et H2.

Bon plan

▸ Le cinéma coûte moins cher le mardi (de 10 à 30 HK$ de moins).

Carnet pratique

Carnet pratique

Avant de partir

Quand partir

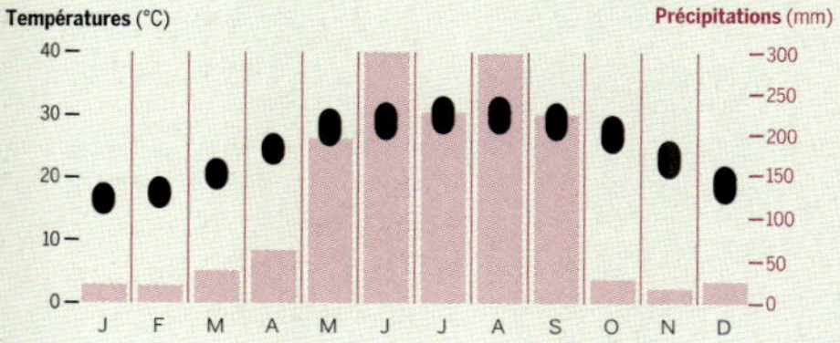

➡ Printemps (mars-mai). Le premier festival asiatique du film, un tournoi de rugby, une foire d'art contemporain et des anniversaires de divinités vous attendent dans la chaleur et l'humidité.

➡ Été (juin-août). La plage, des courses de bateaux-dragons et une nouvelle garde-robe : voici le meilleur des antidotes contre un été trop chaud.

➡ Automne (sept-nov). Promenades dans les collines en journée, concert en plein air nocturne... L'automne est assurément la meilleure saison pour visiter Hong Kong.

➡ Hiver (déc-fév). Dans le froid glacial ou sous la pluie, Hong Kong célèbre le Nouvel An chinois dans les lumières de Noël.

Hébergement

Hong Kong offre une gamme complète de logements, des chambres minuscules à des suites palatiales. La plupart des hôtels sur l'île de Hong Kong se situent entre Central et Causeway Bay ; à Kowloon, ils se concentrent autour de Nathan Rd, où vous trouverez également des établissements bon marché. Durant la basse saison, les prix baissent considérablement, en particulier ceux des catégories moyenne et supérieure, et vous pouvez obtenir jusqu'à 60% de réduction en réservant en ligne.

Sites web utiles

➡ Lonely Planet (www.lonelyplanet.fr/destinations/asie/chine/hong-kong/hebergement). Réservez les hôtels recommandés par Lonely Planet en ligne.

➡ **Hotel.com** (www.hotels.com/Hong-Kong). Spécialisé dans les établissements bon marché.

➡ **Discover Hong Kong** (www.discoverhongkong.com). Moteur de recherche basé sur l'emplacement et les équipements.

➡ **Asia Travel** (www.hongkonghotels.com). Propose de bonnes affaires.

Catégorie petits budgets

➡ **Campus Hong Kong** (www.campushk.com). Vivez comme un prince dans une auberge de jeunesse pour étudiants (si vous réussissez à réserver une chambre) à Tsuen Wan.

➡ **YHA Mei Ho House Youth Hostel** (www.meihohouse.hk). Belles vues et chambres impeccables dans un lotissement historique reculé.

Catégorie moyenne

➡ **Twenty One Whitfield** Chambres propres et lumineuses disponibles à la nuit ou au mois, à Tin Hau.

➡ **Tuve Sleek** (www.tuve.hk). Chambres chics de style industriel, réception artistique et personnel serviable, à Tin Hau.

Catégorie supérieure

➡ **Peninsula Hong Kong** (www.peninsula.com). L'un des hôtels les plus élégants et les plus illustres d'Asie.

➡ **Hotel Indigo.** Un design d'inspiration chinoise, des équipements dernier cri et un service exceptionnel en font un choix de premier ordre.

Arriver à Hong Kong

Aéroport international de Hong Kong

➡ L'Airport Express (MTR) dessert le centre-ville de 5h54 à 0h48 (90-100 HK$) ; des bus se rendent dans diverses zones de Hong Kong de 6h à 0h30 (19-48 HK$) ; comptez entre 220 et 360 HK$ pour un taxi pour le centre-ville.

➡ Les lignes de MTR Lo Wu et Lok Ma Chau desservent le centre-ville de 5h55 à 0h30 (Lo Wu), de 6h38 à 22h55 (Lok Ma Chau) (37-48 HK$).

Forfaits

La carte Octopus est valable dans la plupart des transports publics. Vous pouvez vous la procurer dans n'importe quelle station de MTR et la recharger dans les stations de MTR et les supérettes.

Si vous restez plus de deux jours, achetez une carte Octopus ; elle vous fera économiser jusqu'à 5% par trajet, et vous évitera d'avoir à faire l'appoint pour acheter un billet dans le bus.

Pour les séjours plus courts, optez pour un passe d'un ou trois jours avec trajets illimités sur le MTR. En vente dans les stations de MTR.

Depuis la France

➡ **Cathay Pacific** (www.cathaypacific.com) et **Air France** (www.airfrance.com) assurent plusieurs allers-retours directs quotidiens entre Paris et Hong Kong. Le vol dure environ 12 heures et il faut compter un minimum de 850 € en moyenne. Vous pouvez bénéficier de meilleurs tarifs en vous y prenant tôt et en choisissant des vols avec escale.

➡ S'il n'existe aucune liaison directe depuis la province, de nombreuses compagnies internationales proposent des vols avec escale.

Depuis la Belgique

➡ Aucune compagnie ne dessert Hong Kong par vol direct depuis la Belgique. Le mieux est donc de comparer l'offre des grandes compagnies internationales. Attendez-vous à un voyage de 14 heures au minimum et comptez 800 € en moyenne.

Depuis la Suisse

➡ Seule Zurich est reliée par vol direct à Hong Kong par **Swiss International Air Lines** (www.swiss.com). Comptez au moins 12 heures de vol et environ 950 CHF. Depuis Bâle ou Genève, vous devrez transiter par Zurich, Londres ou une autre grande ville.

Depuis le Canada

➡ **Cathay Pacific** (www.cathaypacific.com) assure plusieurs vols quotidiens directs entre Toronto et Hong Kong. **Air Canada** (www.aircanada.com) assure également une liaison quotidienne directe entre Toronto et Hong Kong. Il faut compter au minimum 15 heures de vol et 1 600 CAD.

China Ferry Terminal

➡ La ligne Tsim Sha Tsui de MTR relie le China Ferry Terminal (voir plan p. 98, A2) au centre-ville de 6h11 à 0h54 (4,50-12 HK$) ; taxi (20-100 HK$).

Hong Kong-Macau Ferry Terminal

➡ La ligne Sheung Wan de MTR relie le Hong Kong-Macau Ferry Terminal (voir plan p. 30, D1) au centre-ville de 6h05 à 0h46 (4,50-13 HK$) ; taxi (20-100 HK$).

Comment circuler

Bus

Le vaste réseau de bus de Hong Kong couvre quasiment tout le territoire.

Départs La plupart des bus circulent de 5h30 ou 6h à minuit ou 0h30, et un nombre réduit de bus de nuit de 0h45 à 5h ou plus.

Tarifs Les billets coûtent entre 4 et 46 HK$ selon la destination. Les billets des bus de nuit coûtent entre 7 et 32 HK$. Il faut faire l'appoint ou avoir une carte Octopus.

Réseau Il peut être difficile de savoir quel bus prendre, mais **City Bus** et **New World First Bus**, de la même compagnie (www.nwstbus.com.hk), ainsi que **Kowloon Motor Bus** (www.kmb.hk), possèdent un moteur de recherche d'itinéraire convivial sur leurs sites web. KMB propose aussi une application pour smartphones.

Ferry

Le **Star Ferry** (天星小輪 ; plan p. 30 ; ☎852 2367 7065 ; www.starferry.com.hk ; adulte/enfant 2,50-3,40/1,50-2,10 HK$; ⏲ttes les 6-12 min, 6h30-23h30 ; Ⓜ Hong Kong, sortie A2) relie l'île de Hong Kong et la péninsule de Kowloon via le Victoria Harbour (voir plan p. 98, B4) ; il circule de 6h30 à 23h30 ; les billets coûtent de 2,50 à 3,40 HK$. Des ferries modernes font la navette entre Central et les Outlying Islands.

Métro

Légèrement plus cher que le bus, le **Mass Transit Railway** (MTR ; ☎852 2881 8888 ; www.mtr.com.hk ; billets 4-25 HK$) reste le moyen le plus rapide de regagner la plupart des destinations à Hong Kong.

Tramway

➡ Moyennant un prix fixe de 2,30 HK$ (à déposer dans une boîte à côté du chauffeur en descendant), on peut parcourir librement les 16 km de voies de la côte nord de l'île de Hong Kong à bord de tramways à impériale (☎852 2548 710 ; www.hktramways.com ; 2.30 HK$; ⏲6h-minuit).

Taxi

Les taxis de Hong Kong sont très bon marché par rapport aux autres grandes villes du monde. Voici quelques tarifs depuis l'aéroport :

DESTINATION	TARIF
Central, Admiralty, Wan Chai, Causeway Bay (île de Hong Kong)	280-320 HK$
Tsim Sha Tsui, Jordan, Yau Ma Tei, Mong Kok, Hung Hom (Kowloon)	230-250 HK$
Sha Tin (Nouveaux Territoires)	280 HK$
Tsuen Wan (Nouveaux Territoires)	200 HK$
Tung Chung (Lantau)	45-55 HK$

En plus des tarifs indiqués, les passagers doivent payer 5 HK$ pour chaque bagage transporté à l'intérieur du compartiment à bagages.

Infos pratiques

Argent

Distributeurs automatiques

➡ La plupart des distributeurs automatiques acceptent les systèmes de paiement internationaux tels que Cirrus, Maestro, Plus et Visa Electron.

➡ Certaines des machines dites e-money de HSBC offrent aux détenteurs de cartes Visa et MasterCard la possibilité de retirer des espèces.

➡ Les détenteurs de cartes American Express (Amex) ont accès aux distributeurs automatiques Jetco et peuvent retirer des espèces et des chèques de voyage depuis les distributeurs automatiques Express Cash en ville.

Cartes bancaires

➡ Les cartes les plus largement acceptées sont Visa, MasterCard, Amex, Diners Club et JCB – dans cet ordre.

➡ Certains magasins ajoutent un supplément pour compenser

la commission que facturent les sociétés de crédit, qui peut aller de 2,5 à 7%.

➡ Si votre carte a été perdue ou volée, vous devez informer la police et la société émettrice dès que possible ; sinon, vous risquez de devoir payer les dépenses qui ont été faites sur votre carte.

Monnaie locale

➡ Si la devise officielle est le dollar de Hong Kong (HK$), certains commerces et restaurants acceptent aussi les yuans (¥).

➡ La monnaie de Macao est le pataca (MOP), mais la plupart des établissements acceptent aussi les HK$.

Pourboire

➡ **Hôtels** Laissez 10 à 20 HK$ au bagagiste ; selon votre propre appréciation au personnel d'entretien.

➡ **Restaurants** La plupart des restaurants, à l'exception des établissements très bon marché, incluent un supplément de 10 à 15% pour le service, mais il est habituel de donner un petit pourboire en plus (moins de 5%) si vous êtes satisfait. Dans les adresses économiques, vous pouvez simplement arrondir à la dizaine supérieure.

➡ **Pubs et cafés** Aucun pourboire n'est attendu, sauf si l'on vous sert à table. Dans ce cas, laissez moins de 5% de l'addition.

Circuits organisés

➡ Des circuits organisés existent vers quasiment toutes les destinations sur le territoire et s'avèrent intéressants si vous êtes limité en temps, souhaitez approfondir vos connaissances rapidement ou voulez éviter les transports publics.

➡ Vous aurez le choix entre des excursions standard vers les principaux sites, des

Pas d'impairs

Salutations Dites simplement "Hi", ou "Bye", accompagné d'un geste de la main lorsque vous rencontrez quelqu'un pour la première fois, ou au moment de dire au revoir.

Dîner Dans les établissements bon marché, il est normal de planter ses baguettes dans un plat commun. Les restaurants plus haut de gamme fournissent des couverts de service avec chaque plat ; si c'est le cas, vous devez vous en servir. Si vous n'arrivez pas à manger avec des baguettes, n'ayez pas peur de demander une fourchette.

Files d'attente Les Hongkongais font la queue pour tout. Les tentatives de s'insérer dans la file d'attente sont mal vues.

Marchandage Le marchandage n'est pas pratiqué dans les magasins, mais il est recommandé auprès des vendeurs de rue (sauf dans les marchés alimentaires).

découvertes plus approfondies de quartiers, ou des circuits à thème, comme la cuisine, la Seconde Guerre mondiale ou l'architecture.

➡ **Hong Kong Tourism Board** (www.discoverhk.com) peut fournir des recommandations, et les circuits organisés par des sociétés indépendantes peuvent en général être réservés auprès de toutes les agences HKTB.

Consigne

MTR et ferry Des consignes sont disponibles dans les principales stations, dont celles de Hung Hom, Kowloon et Hong Kong ; la tour ouest du **Shun Tak Centre** (信德中心 ; 200 Connaught Rd Central, Hong Kong) à Sheung Wan (voir plan p. 30, D1) d'où partent les ferries pour Macao ; et au China Ferry Terminal à Tsim Sha Tsui. Comptez entre 20 et 30 HK$/heure (selon la taille).

Aéroport L'aéroport international de Hong Kong offre un service de dépôt de bagages.

Hébergement La plupart des hôtels et parfois certaines

Téléphone

Accès Tout téléphone GSM peut être utilisé à Hong Kong.

Réseau Les téléphones portables fonctionnent partout, y compris dans les tunnels du port et dans le MTR.

Achat Vous pouvez acheter des téléphones portables et des accessoires auprès des fournisseurs, ainsi que des cartes SIM rechargeables à partir de 98 HK$.
Les appels locaux coûtent entre 6 et 12 ¢/minute (les appels vers le continent environ 1,80 HK$/minute).

L'annuaire téléphonique et les *Yellow Pages* (pages jaunes) peuvent être consultés en ligne sur www.yp.com.hk.

Appels internationaux Pour appeler Hong Kong depuis l'étranger, composez le **code d'accès international** (☎00, ou ☎011 depuis le Canada), puis l'**indicatif local** (☎852 pour Hong Kong, ☎853 pour Macao). Pour appeler chez vous depuis Hong Kong, composez le ☎00, suivi de l'indicatif du pays (☎33 pour la France, ☎32 pour la Belgique, ☎41 pour la Suisse), suivi du numéro de votre correspondant sans le 0 initial. Pour appeler le Canada, composez le ☎00, suivi du ☎1 et du numéro de votre correspondant.

NUMÉROS DE TÉLÉPHONE UTILES

Code d'accès international	☎001
Renseignements internationaux	☎10015
Renseignements locaux	☎1081
Appels en PCV	☎10010
Heure et température	☎18501
Météo	☎187 8200

pensions et auberges de jeunesse peuvent stocker les bagages et vous laisseront déposer vos affaires, même si vous avez quitté votre chambre et ne comptez plus y séjourner. Ce service est généralement payant, donc renseignez-vous au préalable.

Douane

➡ Les voyageurs arrivant à Hong Kong (y compris depuis Macao et la Chine) ont le droit d'importer sans frais de douane un maximum de 19 cigarettes (ou 1 cigare ou 25 g en cigares ou 25 g de tabac) et de 1 litre d'alcool.

Électricité

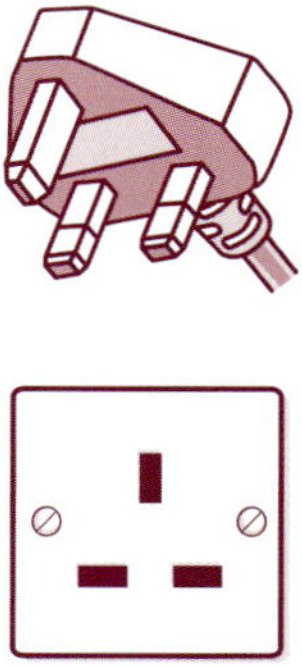

220 V/50 Hz

Formalités

➡ Aucun visa n'est requis pour les ressortissants français, belges, suisses et canadiens pour un séjour à Hong Kong de moins de 90 jours. Ils doivent en revanche être en possession d'un passeport valide 6 mois après leur départ et d'un titre de transport assurant leur retour. Les conditions sont les mêmes pour Macao, sauf pour les Suisses et les Canadiens, pour qui la durée de séjour sans visa est limitée à 30 jours.

➡ Attention, pour se rendre en Chine depuis Hong Kong, un visa est requis. Renseignez-vous avant de partir auprès de l'ambassade de Chine dans votre pays.

➡ Voir aussi le site www.immd.gov.hk.

Handicapés

➡ Avec ses escaliers dans le métro, ses passerelles piétonnières, ses chemins étroits et ses pentes abruptes, Hong Kong n'est pas une destination idéale pour les personnes handicapées. Certains bus sont désormais accessibles en fauteuil roulant, les taxis sont omniprésents, et beaucoup d'immeubles possèdent des ascenseurs (souvent avec un panneau en braille). Les stations de MTR disposent de cartes en braille avec des informations enregistrées. Les personnes en fauteuil peuvent accéder aux ponts inférieurs de la majorité des ferries.

➡ **Easy Travel Access** (www.rehabsociety.org.hk) propose des circuits organisés et des services de transport aménagé.

➡ **Transport Department** (www.td.gov.hk) fournit des guides sur les transports publics, les parkings et les passages piétons pour les personnes handicapées.

Heures d'ouverture

☑ **À savoir** Les banques et les bureaux de poste sont fermés le dimanche.

➡ Dans ce guide, nous ne précisons les horaires des établissements que s'ils diffèrent de ceux indiqués ci-dessous.

Banques Du lundi au vendredi de 9h à 16h30 ; 9h à 12h30 le samedi.

Musées De 10h à 17h au moins (parfois jusqu'à

21h) ; fermés le lundi et le mardi ou le jeudi.

Bureaux Du lundi au vendredi de 9h à 17h30 ou 18h (pause déjeuner de 13h à 14h).

Restaurants De 11h à 15h et de 18h à 23h.

Magasins Généralement de 10h à 20h.

Internet (accès)

➡ **Wi-Fi gratuit** Disponible dans les hôtels et les lieux publics, dont l'aéroport, les bibliothèques publiques, les centres culturels et récréatifs, les grands parcs, les principales stations de MTR, les centres commerciaux et presque tous les cafés et bars en ville. Vous pouvez aussi vous procurer une carte PCCW Wi-Fi de 60 minutes, disponible gratuitement dans les centres d'accueil des visiteurs HKTB.

➡ **Compte PCCW** Vous pouvez acheter un compte PCCW en ligne ou dans les supérettes et les boutiques PCCW, et accéder à Internet via l'un des 7 000 hotspots Wi-Fi de PCCW à Hong Kong.

Jours fériés

L'association des cultures occidentale et chinoise engendre un mélange – et un nombre – intéressant de jours fériés à Hong Kong. Il est parfois difficile de déterminer la date exacte de certains d'entre eux, en raison des deux calendriers en usage : le calendrier solaire géorgien (ou occidental) et le calendrier lunaire chinois.

Jour de l'An 1er janvier

Nouvel An chinois 16 février 2018, 5 février 2019

Pâques du 14 au 17 avril 2017 et du 30 mars au 2 avril 2018

Ching Ming 5 avril 2017, 5 avril 2018

Labour Day (fête du Travail) 1er mai

Anniversaire du Bouddha 3 mai 2017, 22 mai 2018

Anniversaire de la fondation de la RAS de Hong Kong 1er juillet

Mid-Autumn Festival (fête de la Mi-automne) 4 octobre 2017, 24 septembre 2018

Fête nationale chinoise 1er octobre

Fête Chung Yeung (fête des Ancêtres) 28 octobre 2017, 17 octobre 2018

Noël 25 décembre

Boxing Day 26 décembre

Offices du tourisme

➡ **China Travel Service** Dispose de quatre comptoirs à l'aéroport.

➡ **Hong Kong Tourism Board** (www.discoverhk.com) Un personnel serviable et accueillant, et des tas d'informations – la plupart gratuites. Vend également quelques publications utiles.

➡ **iCyberlink** À l'extérieur de ces centres, et de plusieurs autres endroits sur le territoire, vous pourrez trouver des écrans iCyberlink vous permettant d'accéder au site Internet et à la base de données HKTB 24h/24.

➡ **Centres d'accueil des visiteurs** Outre le bureau dans le hall du Star Ferry, HKTB possède des centres d'accueil des visiteurs à l'aéroport, au Peak, et à la frontière avec la Chine continentale.

Urgences

Police, pompiers et ambulance (☎ 999)

Langue

Le cantonais est le dialecte chinois le plus répandu à Hong Kong. Ses locuteurs peuvent lire les caractères chinois, mais leur prononciation diffère souvent de celle en mandarin.

Le cantonais est une langue "tonale" : le ton monte ou descend sur certaines syllabes et sa modification peut entraîner un changement de sens. Il descend sur les voyelles et sur la consonne **n**. Notre guide de prononciation montre cinq tons différents, indiqués par des accents – **à** (haut), **á** (haut montant), **à** (bas descendant), **á** (bas montant), **a** (bas) –, ainsi qu'un ton neutre (**a**).

Expressions de base

Bonjour. 哈佬。 hàa·ló

Au revoir. 再見。 joy·gin

Comment allez-vous ?
你幾好 啊嗎？ láy gáy hó à maa

Bien. 幾好。 gáy hó

S'il vous plaît...
唔該…… ǹg·gòy ...

Merci. 多謝。 dàw·je

Excusez-moi.
對唔住。 deui·ǹg·jew

Désolé. 對唔住。 deui·ǹg·jew

Oui. 係。 hai

Non. 不係。 ǹg·hai

Parlez-vous anglais ?
你識唔識講英文啊？ láy sìk·ǹg·sìk gáwng yìng·mán aa

Je ne comprends pas.
我唔明。 ngáw ǹg mìng

Se restaurer et prendre un verre

Je voudrais..., s'il vous plaît.
唔該我要…… ǹg·gòy ngáw yiu ...

une table pour deux 兩位嘅檯 léung wái ge tóy

la carte des boissons
酒料單 jáu·liú·dàan

la carte 菜單 choy·dàan

bière 啤酒 bè·jáu

café 咖啡 gaa·fè

Je ne mange pas de...
我唔吃…… ngáw ǹg sik ...

poisson 魚 yéw

volaille 雞鴨鵝 gài ngaap ngàw

viande rouge
牛羊肉 ngàu yèung yuk

Santé ! 乾杯！ gàwn·buì

C'était délicieux.
真好味。 jàn hó·may

L'addition, s'il vous plaît.
唔該我要埋單。 ǹg·gòy ngáw yiu màai·dàan

Shopping

J'aimerais acheter...
我想買…… ngáw séung máai ...

Je regarde juste.
睇下。 tái haa

Combien ça coûte ?
幾多錢? gáy·dàw chín

C'est trop cher.
太貴啦。 taai gwai laa

Pouvez-vous baisser le prix ?
可唔可以平啲呀？ háw·ǹg·háw·yí pèng dì aa

Urgences

Au secours !
Ĭ命！ gau·meng

Allez-vous-en !
走開！ jáu·hòy

Appelez un médecin !
快啲叫醫生！ faai·dì giu yì·sàng

Appelez la police !
快啲叫警察！ faai·dì giu gíng·chaat

Je suis perdu.
我蕩失路。 ngáw dawng·sàk·lo

Je suis malade.
我病咗。 ngáw beng·jáw

Où sont les toilettes ?
廁所喺邊度？ chi·sáw hái bìn·do

Heures et chiffres

Quelle heure est-il ?
而家 幾點鐘？ yi·gàa gáy·dím·jùng

Il est (10) heures.
(十)點鐘。 (sap)·dím·jùng

(10) heures et demie.
(十)點半。 (sap)·dím bun

matin	朝早	jiù·jó
après-midi	下晝	haa·jau
soir	夜晚	ye·máan
hier	寢日	kàm·yat
aujourd'hui	今日	gàm·yat
demain	听日	tìng·yat

1	一	yàt
2	二	yi
3	三	sàam
4	四	say
5	五	ńg
6	六	luk
7	七	chàt
8	八	baat
9	九	gáu
10	十	sap

Transports et adresses

Où est... ?
……喺邊度? ... hái bìn·do

C'est à quelle adresse ?
地址係？ day·jí hai

Comment y aller ?
點樣去？ dím·yéung heui

C'est à quelle distance ?
有幾遠？ yáu gáy yéwn

Pouvez-vous me montrer (sur le plan) ?
你可唔可以(喺地圖度)指俾我睇我喺邊度？ láy háw·ǹg·háw·yí (hái day·to do) jí báy ngáw tái ngáw hái bìn·do

Quand passe le prochain bus ?
下一班巴士幾點開？ haa·yàt·bàan bàa·sí gáy dím hòy

Un billet pour...
一張去……嘅飛 yàt jèung heui ... ge fày

S'arrête-t-il à... ?
會唔會喺……停呀？ wuí·ǹg·wuí hái ... tìng aa

Je voudrais descendre à...
我要喺……落車。 ngáw yiu hái ... lawk·chè

En coulisses

Vos réactions ?

Vos commentaires nous sont très précieux pour améliorer nos guides. Notre équipe lit vos lettres avec la plus grande attention et prend en compte vos remarques pour les prochaines mises à jour. Pour nous faire part de vos réactions, prendre connaissance de notre catalogue et vous abonner à notre newsletter, consultez notre site Internet : **www.lonelyplanet.fr**

Nous reprenons parfois des extraits de notre courrier pour les publier dans nos guides ou sites Web. Si vous ne souhaitez pas que vos commentaires soient repris ou que votre nom apparaisse, merci de nous le préciser. Notre politique en matière de confidentialité est disponible sur notre site Internet.

Un mot de l'auteure

Toute ma gratitude à Alvin, CSY et Janine pour leur généreuse assistance. Merci aussi à Emily Matchar, ma coauteure sur ce guide, pour sa contribution. Enfin, je ne saurais oublier mon mari, Kontau, et ma fille, Clio, pour leur amour et leur soutien.

Crédits photographiques

Photographie de couverture : Boutique de décorations du Nouvel-An chinois ; Ian Trower/AWL©

À propos de cet ouvrage

Cette 4e édition du guide *Hong Kong en quelques jours* est la traduction-adaptation de la 6e édition du guide *Pocket Hong Kong*, rédigé et mis à jour par Piera Chen et Emily Matchar. Piera Chen a également écrit les deux éditions précédentes.

Traduction
Marie Chouteau

Direction éditoriale
Didier Férat

Responsable prépresse
Jean-Noël Doan

Coordination éditoriale
Julie Pomme Séramour

Maquette Gudrun Fricke

Cartographie
Cartes originales adaptées en français par Nicolas Chauveau

Couverture Adaptée en français par Laure Wilmot

Merci à Sarah Arfaoui pour son travail de préparation du manuscrit et à Bernard Guérin pour sa relecture attentive du texte. Merci également à Darren O' Connell, Andy Nielsen, Chris Love, Jacqui Saunders, Glenn van der Knijff et Claire Murphy du bureau australien et Clare Mercer, Joe Revill, Sarah Nicholson, Luan Angel et Becky Henderson du bureau de Londres.

Index

Voir aussi les index des rubriques :
Se restaurer p. 188
Prendre un verre p. 188
Sortir p. 189
Shopping p. 189

Références des **sites**
Références des **plans**

Références des **sites**
Références des **plans**

SE RESTAURER

PRENDRE UN VERRE

Références des **sites**
Références des **plans**

SORTIR

SHOPPING

Les auteures

Piera Chen

Coordinatrice Auteure, Piera partage son temps entre Hong Kong (sa ville natale), Taïwan et Vancouver, lorsqu'elle n'est pas sur la route. Elle a rédigé plus d'une dizaine de guides et a contribué à autant de titres en lien avec le voyage. Sa jeunesse a été ponctuée de séjours à Taïwan et en Chine, puis en Asie du Sud-Est, où travaillait son père. Mais c'est lors de son premier voyage en Europe qu'elle a eu le déclic. Regardant autour d'elle à Rome, elle s'est dit : "Je veux faire ça tous les jours". Et c'est ce qu'elle fait.

Emily Matchar

Emily a contribué aux guides Lonely Planet *États-Unis*, *Mexique*, *Canada* et *Le Best of 2010*. Elle écrit également des articles sur le voyage, l'aventure et la cuisine dans des publications anglophones. Quand elle n'est pas occupée à flâner dans les marchés nocturnes du Laos ou à randonner en Nouvelle-Zélande, on peut la trouver en train de manger des sandwichs de poulet frit à Chapel Hill.

Hong Kong en quelques jours
4e édition
Traduit et adapté de l'ouvrage *Pocket Hong Kong, 6th edition, May 2017*

Dépôt légal Juin 2017
ISBN 978-2-81616-366-7
Imprimé par L.E.G.O. Spa (Legatoria Editoriale Giovanni Olivotto), Italie

Bien que les auteurs et Lonely Planet aient préparé ce guide avec tout le soin nécessaire, nous ne pouvons garantir l'exhaustivité ni l'exactitude du contenu. Lonely Planet ne pourra être tenu responsable des dommages que pourraient subir les personnes utilisant cet ouvrage.

En Voyage Éditions | un département place des éditeurs